湛庐 CHEERS

与最聪明的人共同进化

HERE COMES EVERYBODY

新核心素养系列
New Literacy

人人都该懂的艺术

Art A Beginner's Guide

[加]
劳里·施耐德·亚当斯 著
Laurie Schneider Adams

刘 杨 译

浙江人民出版社
ZHEJIANG PEOPLE'S PUBLISHING HOUSE

开启艺术之旅

艺术是人类文明最重要，也是最有用的体现之一。艺术品不仅传递了艺术家的创意、技巧与才华，也展示了全人类光辉灿烂的文明。艺术是美的源泉、思辨的起点、变革与进步的开端，也是抽象与理性的基石。与读和写类似，创作与欣赏艺术也是人类区别于地球上其他众多生物的独特技能之一。

艺术的类别纷繁复杂，创意五花八门，本书主要探讨几种视觉艺术，如图片、雕塑、建筑，以及包括“装置艺术”在内的新兴艺术。本书还将介绍艺术家们的创作理念，并引用他们的原话加以分析。不管是属于某个特定文化、特定历史时期的艺术主题，还是全人类所共有、超越时空限制的艺术主题，本书都将囊括在内，穿插讨论。

艺术品反映了创作者的内心，是艺术家的个人名片。

通过作品，我们可以了解艺术家的性格，还原他们的创作历程。艺术品的珍贵之处还在于，通过它们，我们可以了解作品所蕴含的文化。例如，洞穴壁画能告诉我们关于史前人类的什么历史呢？巨大的金字塔又诉说着古埃及的哪些故事呢？公元前 5 世纪，古典时期的希腊盛产人体雕像，而那些尺寸接近真人、比例近乎完美的一座座雕像又传达着古希腊怎样的信息呢？为何我们认为古希腊文明是西方文明的源头？为何古典的传统千年不朽？为何某些文明能够孕育出肖像画、风景画、静物画这类艺术品，而另一些文明则不能？艺术品是如何加强王权统治的？它们又告诉了我们关于宗教信仰和习俗的什么内容？学习艺术，了解艺术史，这些问题都将被一一提出，而答案则将在本书中一一揭晓。

艺术的题材浩如烟海，作为入门级图书，本书将带领读者初窥艺术鉴赏方法，并在此过程中，思考艺术如何教会我们认识自己、认识历史，以及认识我们所属的文化。就像科学进步一样，艺术创作需要独立思考、批判性分析与洞察力，因此艺术家总能先于大众洞悉历史发展的趋势。举例而言，纵观 1900—1939 年多位德国艺术家的作品，其意象均透露出第一次世界大战和第二次世界大战一触即发的必然性。与艺术家的先见之明相比，普通大众可谓后知后觉。

伟大的艺术品总是饱含争议，这不难理解。与大众相比，艺术家对自己所处时代的文化氛围或时代精神理解得更为深刻，因此，伟大的作品总会展现出艺术家与大众格格不入的精神世界。大众的反应有时异常激烈，从疑惑不解到公然批判，甚至会肆意破坏。谈论抽象艺术的时候，许多人都听过这样一句话："这种画我6岁的孩子也会画。"这是对新兴的、不为大众所熟知的抽象艺术的误解。除了误解，舆论对艺术的评价背后还有更深层次的政治和宗教考量。人们通过引导大众反感某类艺术品，从而达成欺骗大众的目的。艺术品的意象十分重要，它会给观众带来巨大的冲击，因此，不管是欣赏、不理解，还是厌恶，观众都应该学习如何解读艺术品的意象，并准确评估自己对意象的解读能力。

视觉艺术是一门语言，既是代际的沟通方式，也是连接古今的桥梁，观众需要从不同层次和境界来欣赏它。观众可以从形式的角度出发，欣赏一种意象、一幢建筑或一件装置艺术品，分析它们的形式元素：线条、轮廓、空间、色彩、明暗，从而分析作品的审美冲击力。形式元素决定了作品的风格，而相似的风格元素决定了作品独特的流派。理解一件作品，可以从其形式以及历史背景出发，也可以通过作品中所传达的信息来解读。准确解读作品的意象十分重要，它可以使观众悟出作品深层次的象征意义，从而真正地理解作品。

艺术创作的过程就是不断强化并加深作品意义的过程。有时，作品所使用的材料就体现了作品的意义。例如，在古代，石头与轻巧的材料相比，更加持久耐用，因此它象征着权威与稳固，被用来雕刻皇家雕像与神祇雕像。但进入20世纪和21世纪后，艺术创作的情形就大为不同了。以大地艺术家克里斯托和珍妮·克劳德（Christo and Jeanne Claude）为例，他们的作品均使用可回收材料，展出结束后，创作现场会被恢复成原有的样貌。

在历史的长河中，主要的人类文明均孕育了博大精深的艺术。随着时间的更迭，艺术的形式与内容不断演进。本书仅从西方艺术史的叙事视角展开，但需强调的是，该视角只是众多叙事视角之一。在特定的历史时期，西方艺术深受其他文明的影响，这得益于人类的迁徙、频繁的贸易与外交活动。本书将简要讨论不同地区之间的艺术交流，介绍艺术的跨文化影响，旨在提醒读者多种叙事视角一直存在，并延续至今。

艺术是人类文明不可缺失的重要组成部分。从柏拉图时代开始，哲学家、评论家、艺术家、诗人、史学家以及其他领域的专家，一直想给“艺术”下一个明确的定义，但始终无法达成共识。由于个人喜好、审美观、文化背景的不同，每个人对艺术都有自己的理解，众说纷纭，莫衷一是。尽管如此，毋庸置疑的是，艺术是一种“表达”形式，不管观众是否接受其表达的内容，这种“表达”形式都使人类更加了解自身、了解历史。

目录

2

西方艺术简史 /037

3

艺术的起源 /113

4

艺术形式与艺术含义 /137

5

艺术的目的 /173

6

1

艺术的定义

夏尔·波德莱尔如何定义“艺术天才”?

亚里士多德在《物理学》中提出的“四因说”分别指什么?

柏拉图是怎么定义“艺术”的?

为什么约翰·罗斯金认为惠斯勒的画作一文不值?

测一测　你对艺术了解几分？

1. 古埃及人为什么制作木乃伊？

A. 只有法老才会被做成木乃伊，以纪念他们的功勋

B. 让自己死后重生

C. 为了肉身不死，这样抵达阴间后就可以与太阳神同在

D. 受远古时期的文明影响

2. 20世纪的艺术领域诞生了哪些新理论或作画风格？（多选）

A. 艺术是拟态　　B. 形式即内容

C. 滴画法　　D. 流行艺术

3. 从图像学的角度分析，《查士丁尼及其随从》和《收割者》有哪些区别？（多选）

A. 前者力图突显皇权，后者主要描绘农民和自然风景

B. 前者属于巴洛克风格，后者属于印象主义画派

C. 欣赏的姿势不同，前者需要仰视，后者平视即可

D. 前者是马赛克壁画，后者是蛋彩画

4. 往届透纳奖中，最难读懂的作品是哪件？

A. 特蕾西·埃明《我的床》

B. 蕾切尔·惠特里德《房子》

C. 达米安·赫斯特《分隔开的母与子》

D. 马丁·克里德《第 227 号：灯开了又关》

5. 以下哪位是大地艺术家？

A. 雅克·路易·大卫　　B. 克里斯托与珍妮·克劳德

C. 彼埃·蒙德里安　　D. 夏尔·菲利庞

扫码下载“湛庐阅读”App，
搜索“人人都该懂的艺术”，
获取答案。

“艺术是什么”，这个问题既简单又复杂。关于传统艺术的定义已有诸多争议，更不要提如今新出现的五花八门的艺术类别。传统的分类把艺术分为三类：图片艺术，即二维视觉图像；雕塑艺术，即三维视觉图像；建筑艺术，即人类修建屋宇的艺术与科学。

20 世纪以来，艺术的范围不断扩大，最新的艺术类别有拾得艺术、行为艺术、环境艺术、大地艺术、人体艺术、影像与数字艺术等。当今世界瞬息万变，新的艺术类别不断涌现，原本的艺术类别又发展出新的分支，如儿童艺术、域外艺术、涂鸦艺术、民间艺术、素人艺术、恐怖艺术、宗教艺术以及政治艺术等。

当一个人指着某件作品问“这是艺术吗”，他实际上是在问“这是好的艺术吗”或者“这是伟大的艺术吗”。回答这个问题并不容易，因为这涉及美学

（aesthetics），即艺术美感的问题。

几个世纪以来，“艺术的本质是什么”这一问题也一直困扰着人们。艺术家、诗人、哲学家以及学者都试着解释艺术的本质，但每个人都只解释了艺术创作的过程，而没有给艺术本身下一个明确的、放之四海而皆准的定义。19 世纪的法国诗人、评论家夏尔·波德莱尔（Charles Baudelaire）这样定义艺术天才：“他们永葆赤子之心，是纯真与成熟的结合体，兼有孩童的纯粹与成年人的心智，可以随时随地、自由自在地调动脑海中的记忆素材，毫不费力地表达自我。”这段话解释了艺术创作的过程，但没有回答“艺术是什么”这一问题。

还有一些艺术家和波德莱尔一样，也把艺术解读为创作的过程。1936 年，德国表现主义画家奥斯卡·考考斯卡（Oskar Kokoschka）自问：“艺术是什么？”他又自答道：“艺术可不是证券交易所的股票，而是人类羞怯的尝试。艺术创作好比操纵魔法，什么都不需要就能变出奇迹，但这种操纵魔法的本领是任何一位淳朴的乡村姑娘都能掌握的。”1948 年，生于德国的美国抽象表现主义画家汉斯·霍夫曼（Hans Hofmann）说：“艺术品反映了艺术家的感官与情感所体验到的世界。”20 世纪中叶，法国艺术家亨利·马蒂斯（Henri Matisse）称，艺术家的使命是创作，而创作始于远见。他说：“艺术家必须一直以孩童的眼光来打量这个世界。如果失去了这种眼光，艺术家就失去了个人视角，也就失去了原创性。”以上种种观点都解释了艺术创作的过程，却没有给艺术创作的结果，即艺术本身，下一个明确的定义。

20 世纪以前，人们对艺术的看法虽然不同，但都将“艺术”一词等同于具象艺术（figurative art），默认作品中的艺术形象具备可识别性。这种观点在 20 世纪早期备受挑战。以抽象艺术（non-figurative abstraction）为代表，艺术形象不再与人们所熟悉的事物相似，观众不再能辨认出作品中的艺术形象。如今，虽然人们对“艺术是什么”这个问题的讨论仍然众说纷纭，但大部分人都同意“艺术是一种表达”的观点。艺术品的形象也许能被观众辨认，也许不能，但是它们都表达了艺术家的内心世界，并与观众互相交流。

还有人说，也许艺术没有一个固定的定义，因为它一直在不断发展变化。由于艺术的题材、材料、文化背景和灵感来源极其广泛，非要给艺术下一个固定不变的定义确实困难重重。20 世纪的美国平面设计师米尔顿·格拉泽（Milton Glaser）在一幅海报上言简意赅地写道：“艺术是……”1966 年，概念艺术家约瑟夫·科苏斯（Joseph Kosuth）总结说：“艺术就是艺术。”二人的措辞稍有出入，但表达了相同的观点，即艺术无法被定义。

接下来，让我们听听哲学家怎么说吧。他们一直关注着艺术，因此他们关于艺术的定义、评价和解读也许可以给我们更多的启发。

艺术是模仿

古希腊哲学家柏拉图在其著作《理想国》中把艺术定义为“拟态”（mimesis），这个词也可以翻译为“模仿”。柏拉图认为，艺术尤其是绘画艺术，是一种模仿而非真实的存在，因此艺术是无用的。比如，你不能把画中的烟斗拿来抽，也不能睡在画中的床上。然而，柏拉图忽略了建筑艺术这一典型的实用艺术，因此他的观点并不完整。

在柏拉图的哲学术语中，“技艺”（techne）一词指创造实用、实际物品所需的技巧，而他认为，技艺与艺术无关。此外，柏拉图相信，宇宙中存在着一个超越时间、永恒不变的理念世界，独立于人类感官所能接触的现实世界。在宇宙中，真正的床是“床”这个永恒的理念，而不是人类世界中具体的床，后者只不过是对前者的复制。按照这个逻辑，真正的床超越了时间的理念，看得见、摸得着的床是对这个理念的复制，而一幅画中的床是对“床”这个理念的再一次复制。因此，画中的床离真正的床更远。而正因为艺术和真实相去甚远，所以柏拉图认为艺术是危险的。

1928 年，比利时艺术家勒内·马格利特（René Magritte）在作品《图像的背叛》（*The Betrayal of Images*，见图 1）中表达了与柏拉图类似的观点。画的正中央有一只烟斗，烟斗下有一行小字写着“这不是一只烟斗”（Ceci n’est pas une pipe）。这幅作品似乎在提醒观众“眼见不为实”，艺术与现实之间有巨大的鸿沟。标题中的“背叛”一词表明，马格利特和柏拉图一样，都认为模仿现实的图像具有一定的危险性。柏拉图认为，绝对的真理与美只存在于理念世界，艺术会危害社会，因为它与音乐、诗歌一样，具有极强的煽动性，能蛊惑人心。因此，柏拉图在“理想国”中将艺术家、诗人和音乐家（尽管他认可军乐）排除出去，把政治统治权只交给了“哲学王”（Philosopher Kings）。

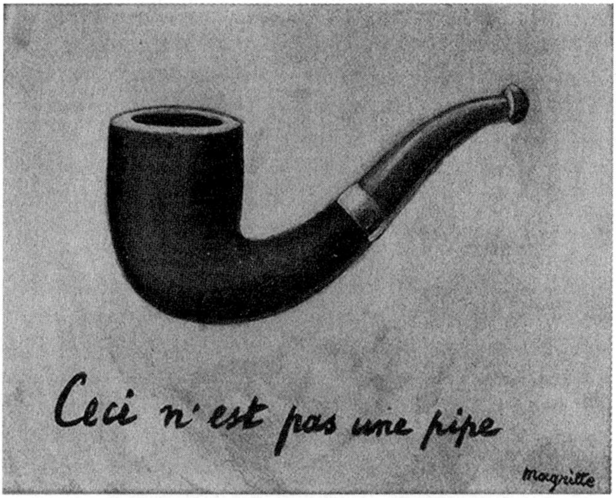

图 1

勒内・马格利特，《图像的背叛》，1928 年，油画，55 厘米 ×72 厘米，美国加利福尼亚州洛杉矶县立艺术博物馆。

20 世纪早期的罗马尼亚艺术家康斯坦丁・布朗库西（Constantin Brancusi）称自己的雕塑作品展示了事物的“本质”，而他所谓的事物的“本质”与柏拉图的“理念”理论相似。1912 年，布朗库西完成了大理石雕像《波嘉尼小姐（第一版）》（*Mlle. Pogany Version I*，见图 2），他认为该作品充分体现了人物的"本质"。波嘉尼小姐的原名是玛吉特·波嘉尼（Margit Pogany），是一位匈牙利女郎。布朗库西与波嘉尼小姐相识于巴黎，并以她为原型创作了大量的雕塑作品，包括青铜雕像与大理石雕像。观察《波嘉尼小姐（第一版）》这件作品，我们会发现作品中的波嘉尼小姐双手托腮，她的鼻子纤细，嘴巴小巧，一双大眼睛格外突出。一些评论家把布朗库西归类为抽象艺术家，但他本人拒绝这个说法。布朗库西将那些评论家称为"蠢货"，认为对方根本没有理解自己的艺术。

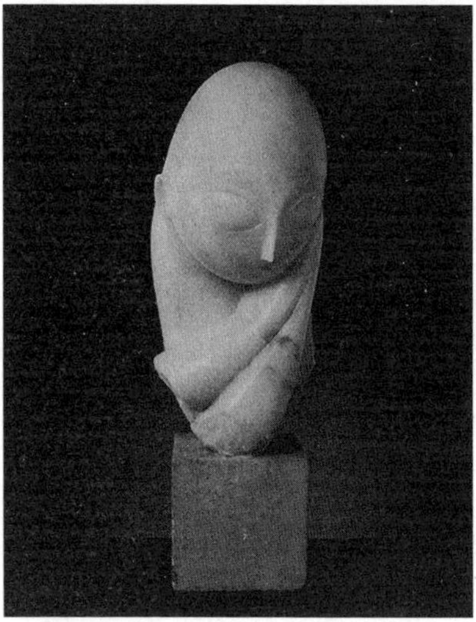

图 2

康斯坦丁·布朗库西，《波嘉尼小姐（第一版）》，1912 年，白色大理石，石灰岩基底，高 44.8 厘米，私人收藏。

艺术是形式

柏拉图的学生亚里士多德（前384—前322年）在《诗学》中将“形式”定义为“能引发观众产生反馈的品质”。按照亚里士多德的说法，艺术品的形式由艺术家把握材料的能力和洞察事物本质的能力所决定，这与布朗库西的观点如出一辙。与柏拉图观点不同的是，亚里士多德认为事物的本质并不存在于理念世界中，而在于事物本身，由事物的材料、形式和创作者的技艺所构成。因此，艺术作为对现实的再现并没有失真，艺术品也不会像柏拉图认为的那样对社会构成威胁。

柏拉图主义认为，事物的本质仅存在于理念世界中，独立于事物自身而存在。比如，现实世界中的人类是对理念世界的模仿，而肖像画是对现实中人类的模仿，因而也是对理念世界的再次模仿，这种再次模仿非常失真、极其危险。哲学立场的不同导致哲学家看待艺术的方式也截然不同：柏拉图是理想主义者，亚里士多德是经验主义者，两人不同的哲学观决定了他们不同的艺术观。

此外，亚里士多德还认为，艺术品应该大小适中，这样才能表现出整体感，观众才能理解作品中所蕴含的几何意义。绘画中的人物或物品尺寸不宜过小，否则观众无法理解；但尺寸也不宜过大，否则其无法被当成一幅完整的作品来欣赏。在此之上，亚里士多德还说，局部与局部之间要成比例，而且要左右对称。

亚里士多德认为，伟大的艺术可以传授知识，增长人们的见识，拓宽人们对自然世界的理解。一幅作品越是能惟妙惟肖地模仿现实世界，就越能取悦观众。这种观点被照相写实主义和超写实主义所佐证，这两种诞生于20世纪中后期的艺术风格都极其写实，给观众带来强烈的视觉冲击和心理体验。这类写实主义艺术的趣味性在于，观众一开始往往误以为他们所看到的形象是真实存在的，稍后才恍然大悟，原来他们看到的不过是艺术品罢了（见图3）。

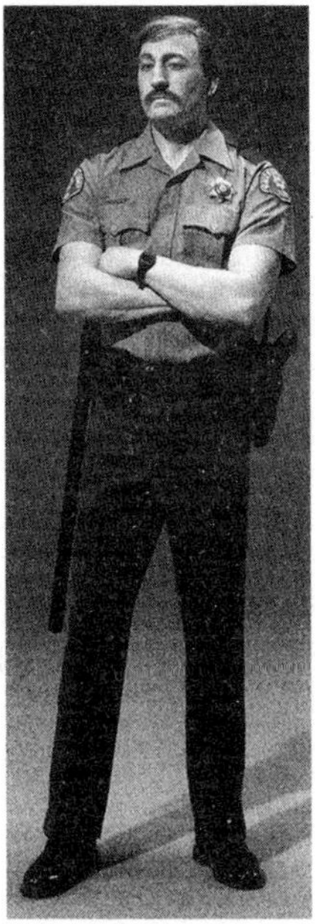

图 3

杜安·汉森（Duane Hanson），《警察》（*Policeman*），1993年，车身填充物、纤维玻璃和配件，183厘米×45.4厘米×38厘米，杜安·汉森遗产，美国纽约。

亚里士多德在其著作《物理学》(*Physics*)中提出了“四因说”理论，对后世的西方美学、哲学产生了深远的影响。他认为，每个物体都有四个“原因”，包括质料因、动力因、形式因和目的因，若想彻底了解一件事物，就必须了解它的四个原因。在艺术领域，质料因指艺术品的材料，如青铜、大理石或颜料等媒介；动力因指艺术家创作的过程，也就是艺术家使无形的材料成形的过程；形式因指作品自身的形式或本质；目的因则指艺术创作的目的与动机。

当然，亚里士多德和柏拉图的讨论仅限于具象艺术。具象艺术中的艺术形象都能被观众识别，这与抽象艺术有着极大的不同。观众在欣赏具象艺术时所产生的感受往往由艺术形象的外观决定，外观的美丑决定了观众愉悦与否。以肖像画为例，亚里士多德认为，如果观众看到一个真人时心生愉悦，那么看到他的肖像画时也一定满心欢喜。好的画家就像悲剧作家一样，即使现实没有那么美好，也能让观众在欣赏作品时体验到美感。亚里士多德认为抽象艺术不过是用五颜六色的颜料乱七八糟地涂满一张张白纸。观众无法辨认其艺术形象，因此抽象艺术毫无美感。相反，具象艺术就美多了，一张轮廓清晰的黑白素描就能给观众带来无限的快乐。

什么是艺术品

18 世纪的德国哲学家康德于 1790 年出版了《判断力批判》(*Critique of Judgment*)。他在这部哲学著作中指出，如果我们称一幅图片为艺术品，那它必须满足两个条件：一是必须蕴含艺术想象力；二是必须引发观众的艺术想象力。康德认为，艺术品是这两种想象力之间的对话，是艺术家与观众的对话。他和柏拉图、亚里士多德一样，对艺术的讨论局限于具象艺术，默认艺术形象是可识别的而不是抽象的。此外，康德还在书中探讨了“美感”的问题。他认为，艺术品的美感取决于创作者的艺术天分。艺术除了审美意义，还有道德意义。

总之，艺术有别于大自然，是艺术天才的智慧结晶；艺术品具有原创性，能启迪心灵。康德将艺术分为严肃艺术（fine art）和娱乐艺术（pleasing art）两大类。他认为，娱乐艺术仅仅是好看、好玩的装饰，没有深度，不需要艺术天赋，没有审美意义也没有道德意义；严肃艺术则不然，它是艺术家艺术天分的直接体现。最后，康德还强调，好的艺术品是形式与内容的完美结合。

另一位德国哲学家黑格尔则强调艺术品应具有更广泛的社会价值。黑格尔认为，艺术的主要作用是拓宽自我认知、加深对世界的理解，艺术的价值在于揭示客观真理。这与亚里士多德的看法不谋而合。黑格尔也谈到艺术想象力的问题，他指出，艺术品能唤醒观众的想象力，也能加深观众的理解力，而这依赖于作品美丽的形式与具有启发性的内容。

进入 19 世纪后，艺术史开始变成一门独立的学科，黑格尔的艺术理论正诞生于此背景之下。黑格尔格外重视艺术品的历史背景，也关注艺术品所使用的材料。他认为，艺术品不仅具有审美价值和精神价值，还因其是手工艺品，能够反映特定时期的历史与文化。黑格尔提出了具有象征意义的三大历史时期：古埃及时期、公元前 4 世纪的希腊时期（即古希腊时期）和基督教时期。在这三个时期里，他认为古希腊时期的艺术展示出人类精神与肉体的双重和谐，其中尤以雕塑艺术最为典型。

20 世纪艺术观的变迁

19 世纪末 20 世纪初，艺术家开始以不同于传统的方式来处理图画的表面，西欧国家和美国的艺术评论家、哲学家也纷纷开始探讨抽象艺术。法国画家保罗・塞尚（Paul Cézanne）是这一时期的先锋人物，他开创的后印象主义画派以全新的手法处理图画表面。

两位与塞尚同时代的艺术评论家认为，塞尚颠覆了传统，他的出现具有里程碑式的意义。这两位评论家分别是美国的罗杰・弗莱（Roger Fry）和英国的克莱夫・贝尔（Clive Bell）。弗莱发明了“后印象主义”这个说法，贝尔则是英国文艺团体“布卢姆斯伯里”（the Bloomsbury Group）的成员之一。二人都对塞尚推崇备至，认为他开启了艺术的新纪元。弗莱在宣传和推广后印象主义艺术方面功不可没。弗莱多次在伦敦策展，使人们熟悉并接纳了后印象主义艺术。贝尔发明了“有意义的形式”（significant form）一词以表达自己“用什么来定义艺术”的观点。贝尔认为，艺术的题材不如形式重要，因为艺术就是“有意义的形式”。

“形式即内容”是 20 世纪艺术批评与哲学的重要概念，这与艺术风格朝着抽象发展的趋势一致。美国评论家克莱门特·格林伯格（Clement Greenberg）是抽象艺术的倡导者，尤其赞赏 20 世纪 40 年代以来兴起于纽约的抽象表现主义，反对柏拉图“艺术是拟态”的观点。他认为现代抽象艺术做到了某种新的纯粹：艺术不再描绘可识别的形象，如马格利特笔下的烟斗，而是描绘图画的现实空间。图画的现实空间包括图画的表面（如画布、画纸或墙壁）和材料（如油漆、墨水或蜡笔）。

在格林伯格看来，艺术的叙事性主题已经不再重要，人们现在只需要关注艺术的形式和创作过程。如今，图画的表面已不再是舞台的第四面墙或一扇观看世界的窗，而是舞台上的一块帷幕。这正如格林伯格在 1961 年所写的那样：“图画空间的‘内部’已经丢失，现在‘外部’就是它的一切。”

出生于美国的抽象表现主义画家杰克逊·波洛克（Jackson Pollock）以“滴画法”闻名于世，他被亲切地称为“滴画者杰克”。滴画法的步骤是先把画布平铺在地面上，再用棍棒蘸取涂料以画圈的方式滴溅到画布上。波洛克以这种方式创作出一幅幅动态十足的图画，画面生动活泼、富有韵律，图 4 是其作品《汇聚》（*Convergence*）。波洛克没有采用传统的透视画法强调画面明暗，而是把观众的注意力集中在涂料于画作表面的运动轨迹上，从而引导观众关注艺术创作的过程，而不是作品的含义。

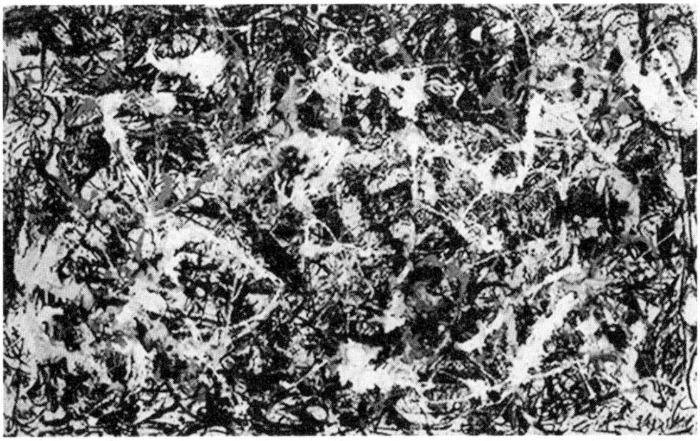

图 4

杰克逊·波洛克，《汇聚》，1952 年，帆布油画，框架：2.42 米 ×3.99 米 ×7.30 厘米；支架：2.37 米 ×3.94 米，美国纽约水牛城奥尔布赖特－诺克斯画廊（Albright-Knox Gallery）。

在抽象表现主义之后，更多的艺术风格喷涌而出，它们各有不同，但都激进大胆。例如，20 世纪 50 年代末 60 年代初出现的流行艺术（又称“波普艺术”）挑战了格林伯格的艺术观点。流行艺术家拒绝承认“艺术不再是可识别的图像”，并创造了大量的具象艺术，将日常所用的物件和大众消费产品当成他们的绘画主题。

受流行艺术的启发，概念艺术应运而生，这种风格强调艺术概念的重要性。以美国人索尔·勒维特（Sol LeWitt）为代表的概念艺术家认为，艺术创作的构思比艺术品本身重要得多，因为艺术创作的过程可以由任何人操作，艺术家只要事前写好指令，交由他人替代执行即可，这种操作可以重复多次，具有替代性。因此，勒维特很少出售自己的作品，而是更喜欢出售自己写的艺术创作指南书。

继概念艺术之后，极简主义艺术流行起来。极简主义者脱离了对自然的关注，脱离了抽象表现主义对画笔的动态追求，还脱离了现代艺术对日用品的描绘。他们以使用玻璃、钢铁等人造材料为主，取代了传统的艺术材料，创作的图案均为几何图形。例如，艺术家丹·弗莱文（Dan Flavin）使用荧光灯泡制作雕像，唐纳德·贾德（Donald Judd）在地板或墙面上布置金属盒子。

艺术理论

20 世纪以来，上述的艺术理论发展为艺术的定义开辟了道路。1964 年，美国哲学家阿瑟·C. 丹托（Arthur C. Danto）在看过流行艺术家安迪·沃霍尔（Andy Warhol）的作品《布里洛盒子》(*Brillo Boxes*，见图 5）之后问道："布里洛盒子和超市货架上的盒子有什么不同呢？"这个问题实际上是在问：艺术品和现实中的物品有何不同？根据丹托的理论，二者的区别并不是视觉上的区别。实际上，用肉眼看，超市货架上的盒子与沃霍尔的《布里洛盒子》是一样的。二者的不同之处在于，沃霍尔的作品有艺术理论作为背景和支撑，而只有符合艺术理论的物品才算是艺术品。丹托认为，常见的特质如美感、有意义的形式、艺术想象力或真实性并不足以使一件物品成为艺术品，艺术品之所以成为艺术品是因为它符合某种艺术理论。丹托补充说，沃霍尔引领的流行艺术是一种颠覆，它终结了艺术的历史叙事传统，在沃霍尔之后，任何物品均可被称为艺术品。

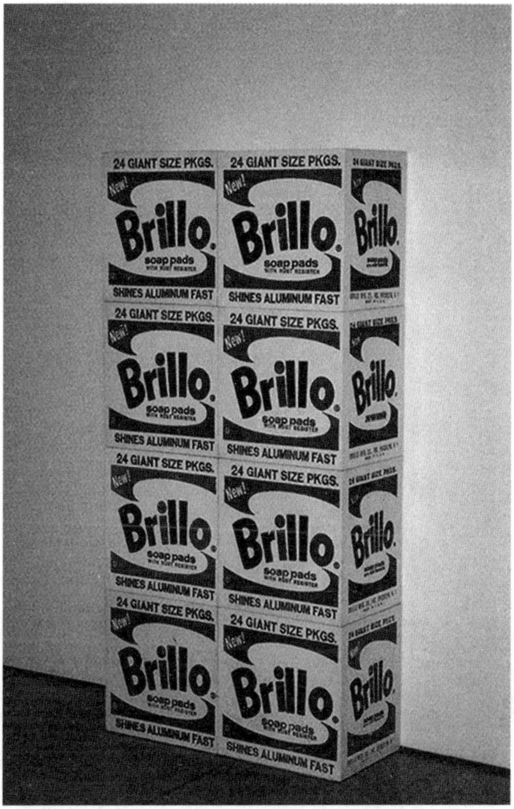

图 5

安迪·沃霍尔，《布里洛盒子》，1964 年，丙烯酸颜料绢印胶合板箱，每个箱子：43.2 厘米 ×43.2 厘米 ×35.6 厘米，加拿大国家美术馆。

我们如果从历史的角度仔细分析，就会发现丹托的艺术观点更像是在描述20世纪早期安迪·沃霍尔和流行艺术兴起之前的情形。那时，艺术方兴未艾，其边界刚刚开始拓宽。第一次世界大战之后，传统的秩序被摧毁，社会碎片化。在此背景下，达达主义诞生了，并且以苏黎世的伏尔泰餐厅为根据地，很快发展为一项国际运动。

达达主义的艺术形式囊括了电影、表演、拾得艺术、诗歌朗诵等，最具代表性的艺术家是马塞尔·杜尚（Marcel Duchamp），他的艺术品例证了丹托的艺术观点。现成品艺术（the Readymade）是杜尚的发明，它所传达的观点是：一件物品本身不构成艺术，只有当艺术家宣称它为艺术品的时候，它才成为艺术品。

1887年，杜尚生于法国，并在20世纪初期移民到美国。杜尚的首件现成品艺术作品是1915年的《折断手臂之前》（*In Advance of a Broken Arm*），那是他从五金店买回来的一把铁锹。杜尚借铁锹表达了与丹托类似的观点，即艺术不是由物品本身决定的，而是由它的附加值决定的，这个附加值就是艺术理论和艺术家的认可。

在《折断手臂之前》中，铁锹之所以能成为艺术品，是因为艺术家宣称它是艺术品，并且给了它一个标题。丹托进一步指出，一件物品只有得到艺术机构的承认和主流艺术圈的认可才能算是艺术。在这一点上，杜尚的现成品艺术就没那么幸运了。1917年，杜尚的作品《泉》（*Fountain*）被纽约的展览会拒之门外。《泉》创作于

1917 年，是一个倒置的小便池，上面签有“R. Mutt”和“1917”的字样。不得不说，艺术界总要过一段时间才会认可新兴的艺术，而等大众接纳新兴艺术则更加漫长，如今的我们对此早已司空见惯。

艺术是反馈

流行艺术是艺术吗？就这个问题，美国艺术评论家、艺术史学家列奥·施坦伯格（Leo Steinberg）给出了自己的回答。施坦伯格在 1963 年的一场研讨会上说，人们常常质疑流行艺术，最常见的质疑是：“这也算艺术吗？”他认为，这恰恰证明了流行艺术的伟大：它引起了人们对于“何为艺术”这个问题的探讨。

10 年前，观众也同样质疑抽象表现主义。那时，抽象表现主义仍是新兴的艺术风格，对大众来说非常陌生，这种质疑如今又体现在流行艺术上了。

施坦伯格问：我们应该根据什么来定义艺术呢？是根据作品所蕴含的艺术特征，还是根据观众的反馈呢？他借用雨果对波德莱尔的诗集《恶之花》（*Les Fleurs du Mal*）的评论来表达自己的看法：“你的作品带来一种崭新的战栗。”施坦伯格认为，雨果的这句话精确地概括了艺术的真谛：

> 艺术家不仅仅创作作品，诗人也不仅仅写诗歌，他们更是带来了一种崭新的挑战，与读者、观众形成一种新颖、别致又独特的关系。

艺术是人类活动

进入 21 世纪，英国哲学家丹尼斯·达顿（Denis Dutton）和施坦伯格一样，对艺术本质的探究也与丹托有所不同。达顿认为，艺术是普遍存在于全世界的人类现象，正是因为有了艺术，我们才成为人类。换言之，是艺术定义了人类。由于人类天性热爱美丽的事物，因此艺术能帮助人类更好地生存繁衍。达顿反对丹托的观点，否认艺术是人为的构造，只存在于艺术理论和艺术圈之中。相反，他认为艺术与人类的生活息息相关，艺术总有某种“人类价值”。

在《艺术本能》（*The Art Instinct*）一书中，达顿称艺术天生带有人类的烙印，是人类不可缺少的一部分。例如，在智人出现之前，世界上没有其他物种有创造艺术的能力，尼安德特人就没有留下任何艺术品。达顿称：“人类天生就是图像制造者和欣赏者。”他不主张给艺术下一个单一的定义，而是呼吁用一种全新的看待艺术的方式，把艺术（包括艺术活动、艺术品和艺术体验）当成自然而然出现在人类生活中的东西。

在对比了多种不同文化和艺术之后，达顿总结，每一种文化的艺术在给人们带来快乐的同时也带来了智力挑战。此外，艺术还有激发想象力、带来技术革新、让人类变得更加专注的能力。

艺术的价值

人们总是追捧赫赫有名的艺术家，对名不见经传的艺术家视而不见。颇具讽刺意味的是，许多伟大的艺术家生前都默默无闻，直到去世后才被后人追捧为天才。这方面最典型的例子是 19 世纪的荷兰后印象主义画家文森特 · 凡 · 高。凡 · 高生前穷困潦倒，默默无闻，只卖出了一幅作品，经济上靠在巴黎做画商的弟弟特奥多鲁斯 · 凡 · 高（Theodorus van Gogh）的支援。

19 世纪的艺术界对凡 · 高嗤之以鼻，但时过境迁后，到了 20 世纪后期，凡 · 高的作品竟一时间洛阳纸贵，收藏者都赚得盆满钵满。如今，凡 · 高的作品堪称世界上最昂贵的艺术品。颇具讽刺意味的是，这些绘画作品本身丝毫未变，改变的不过是市场对其的估价。这个例子说明，根据价格来判断艺术品的价值并不准确，一时一地的市场估价并不能准确反映艺术品的真正价值。

但艺术品价格的涨落带来了一个问题：伪造。我们不禁要问，如果仿作和真迹一模一样的话，那么为什么仿作的艺术价值不及真迹？一种观点认为，只有原作才能体现艺术家的创造力，仿作不过是抄袭和复制而已。人们推崇和尊重的是艺术家的原创性，因此原作一定比仿作更有价值。同样，在科学领域，我们也更尊重首位发现者或发明者，而不是后来的沿袭者和继承者，因为后者只不过是重复前人的实验并照抄他人的创意而已。

知识拓展

《美丽的费蓉妮叶》的摹本

有趣的是，许多名画的摹本一开始并不以欺骗大众为目的。达·芬奇的著名肖像画《美丽的费蓉妮叶》（*La Belle Ferronière*，见图 6，真迹现存于巴黎卢浮宫）就是典型的案例，因为这幅作品卷入了一场艺术品真伪鉴定案中。1929 年，有人向美国的堪萨斯城艺术学院递交了一幅同名画作，声称是达·芬奇的真迹，并开价 25 万美元（相当于今日的 300 万美元）。经过当时赫赫有名的画商约瑟夫·杜维恩（Joseph Duveen）鉴定，该画作系伪造，因此堪萨斯城艺术学院拒绝购买。不久，画作持有者以诽谤罪起诉杜维恩。此案的审理困难重重，评审团的大多数成员不懂艺术，也听不懂辩论双方的陈述。最终，评审团未能做出任何判决。杜维恩拿出了当时算是巨款的 6 万美元希望双方庭外和解，了结此案。

80 年之后的 2009 年，画作持有者的后人又把这幅作品带到了加利福尼亚州的盖蒂博物馆（Getty Museum）进行真伪鉴定。文物修复专家认为，该作品完成于 1750 年左右，因此不是达·芬奇（1452—1519）的真迹。但该作品画工精湛，是一幅杰出的仿作。2010 年 1 月 29 日，《纽约时报》艺术版块第 21 页的头条文章写道："她并不是蒙娜丽莎，但同样令人梦寐以求。"最终，苏富比拍卖行以 150 万美元的价格出售了该作品，而其估价仅约 50 万美元。

这场长达近一个世纪的艺术品官司已经落下帷幕。虽然美国的这幅《美丽的费蓉妮叶》并不是达·芬奇的真迹，但它同样展现了高超的绘画技巧，是一幅难得的佳作。当然，达·芬奇的真迹如果参加拍卖，价格自然会高得更多了。

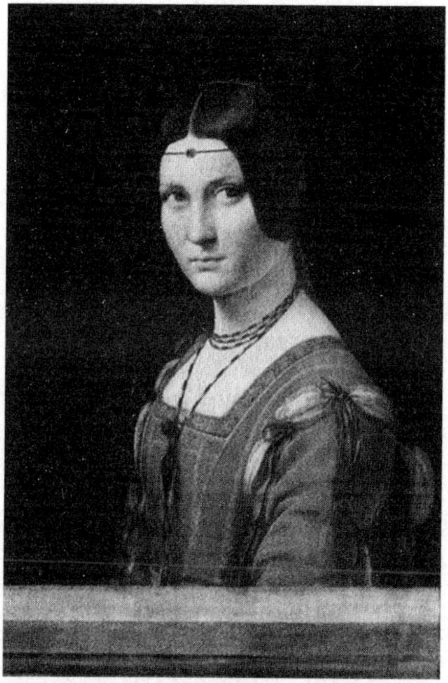

图 6

达·芬奇，《美丽的费蓉妮叶》，1490—1496 年，木板油画，62 厘米 × 44 厘米，法国巴黎卢浮宫。

尽管伪造《美丽的费蓉妮叶》的原因我们不得而知，但艺术造假最常见的动机是利用高额售价来牟利。造假者往往绝顶聪明，除了直接抄袭以外，有时还会以某位画家的风格进行新的艺术创作，让人误以为发现了此前未被曝光的新作品。

历史上最著名的艺术品造假案之一发生在第二次世界大战期间的荷兰。当时，荷兰人汉·凡·米格伦（Han van Meegeren）谎称自己拥有17世纪著名画家简·维米尔（Jan Vermeer）的早期作品《基督在以马忤斯之家》（*Christ in the House of Emmaus*）。维米尔的早期画风并不为人所知，因此很少有人对此提出质疑。实际上，这幅画和维米尔没有任何关系，而是米格伦自己的原创。米格伦没有模仿维米尔成熟时期的画作，因为它们为大众所熟知，造假很容易被识破。因此，米格伦决定采用一种更具欺骗性的方式：利用人们的知识盲点进行诈骗。

米格伦成功了。艺术鉴赏专家纷纷表示，他的收藏确实是维米尔的真迹，米格伦还大胆地以维米尔的真名给作品署名。由于时代的局限，这种骗局非常成功。第二次世界大战期间，为了躲避纳粹，荷兰人把维米尔的大部分真迹藏起来，不对外公开展览。因此，在没有真迹做对比的情况下，人们很难发现伪造作品的纰漏。画商杜维恩坚称《基督在以马忤斯之家》一画系伪造，但某位权威的艺术专家却认定它为真迹。最终，这幅作品得到了官方认可，它在被清洁和修复后被鹿特丹的博曼斯博物馆以极高的价格买了下来，博物馆称它为维米尔早期风格的代表作。

在成功卖掉《基督在以马忤斯之家》这幅作品之前，米格伦还如法炮制了另一幅所谓维米尔早期风格的作品——《基督与奸妇》

（*Christ and the Woman Taken in Adultery*），并署名“I.V. Meer”。第二次世界大战结束后，盟军为了找回战争期间被盗的文物，设立了“夺宝队”（the Monuments Men）。夺宝队发现，第二次世界大战期间从荷兰买走维米尔的《基督与奸妇》的人竟是纳粹头目赫尔曼·戈林（Hermann Goering）。1942 年，戈林以相当于今日数百万美元的价格买走了这幅油画。夺宝队顺藤摸瓜，查到了米格伦。米格伦解释说，这幅作品是他从一位意大利贵族那里买来的，对方当时急需用钱，就卖给了他。听到这些后，盟军以叛国罪逮捕并监禁了米格伦，指控他向纳粹兜售国宝级文物。为了从米格伦口中套出更多信息，盟军又切断了他的毒品来源。最后，米格伦终于松口交代了全部事实。他一口咬定《基督与奸妇》的作者并非维米尔，而是他自己。此外，他还指认了许多其他画作，称那些所谓的维米尔真迹全是伪造品。

一开始，这种说辞并没有人相信。为了证明自己没有撒谎，米格伦称可以在狱警的监督下再画一幅所谓的维米尔早期风格的作品。鉴定专家检测了现场所绘的画作之后，警方又搜查了米格伦的画室，在画室中找到了他造假的证据。证据显示，米格伦在画完画后，会使用仿古的技巧让作品看起来像是一件古董。最终，米格伦被判定有罪。不过，他在入狱前就去世了。

今天我们来看这些赝品，会发现米格伦的伪造技巧并不高明。人们只要拿维米尔的真迹稍加对比，就能看出破绽。今天的观众也很难相信彼时的鉴定专家竟会如此糊涂。不过，专家也是人，有着许多弱点，比如自负和轻率、对金钱的渴望和高涨的爱国情绪，正是这些导致他们没有仔细考查作品的出处，也没有对作品做技术检验。赝品和真迹的差别在于，赝品是经不住时间的考验的。凡·高的例子则从反面说明，即使一时默默无闻，时过境迁后，金子也总会发光。

艺术品的名誉官司

米格伦的维米尔造假案不光牵涉艺术伪造和艺术诈骗的问题，归根结底它还是艺术哲学的问题。这又回到了我们一开始所讨论的艺术定义的问题：什么是艺术？或者说，什么是好的艺术？说到这里，我们不得不谈谈艺术史上另外两起引人关注的官司。第一起官司是 1878 年的一个诽谤诉讼案，涉案双方是英国艺术评论家约翰·罗斯金（John Ruskin）和时居伦敦的美国印象派画家詹姆斯·惠斯勒（James Whistler）；第二起官司是美国摄影师爱德华·斯泰肯（Edward Steichen）于 1927 年在纽约起诉美国海关的案件。

19 世纪的西欧，新兴的艺术风格如雨后春笋般涌现，猛烈挑战着传统的艺术风格，罗斯金与惠斯勒的诉讼案便代表着艺术界新旧势力的交锋和角逐。罗斯金代表了英国现实主义和 1848 年创立的拉斐尔前派艺术，惠斯勒则代表着新兴的印象主义艺术。

多年来，作为知名的艺术评论家，罗斯金一直大力推广拉斐尔前派艺术，使其被公众接纳、喜爱。1877 年，他在伦敦的一家画廊第一次看到惠斯勒的画，那是一幅泰晤士河烟花图，题为《散落的烟火：黑和金的小夜曲》(*Nocturne in Black and Gold: The Falling Rocket*，见图 7)。罗斯金当下怒火中烧，他愤怒地说："画廊根本不该展出这种不伦不类的画。这幅画的作者是多么浅薄无知、自负胆大，简直是一个彻头彻尾的骗子。伦敦那些厚颜无耻的乡巴佬我见得多也听得多了，但从未见过如此无耻的家伙、自恋的小丑，他不过是把一坨颜料胡乱地往观众脸上甩而已，这竟然要价 200 几尼[①]。"不久之后，惠斯勒以诽谤罪起诉罗斯金。抛开两人的个人恩怨，也抛开评论家和画家的身份差异，我们重点关心的是：究竟什么算好的艺术，什么算不好的艺术？

在惠斯勒和罗斯金爆发冲突之前，英国人早已习惯现实主义艺术，默认画中的形象应是可识别的，画中的人物和物品应该有清晰的轮廓和边界。因此，惠斯勒的印象主义画风一开始并不为公众所接纳。罗斯金痛斥《散落的烟火：黑和金的小夜曲》这幅作品，理由是绘画形式模糊，主题隐晦，标题所含的音乐术语误导观众、煽动观众情绪。惠斯勒对此进行反驳，说自己的画作主要就是"线条、形式和色彩的组合"，他只是忠实地描绘自己心中的印象。罗斯金的辩护律师称惠斯勒的画风怪异，而惠斯勒辩解称自己不过是跟随灵感而已。惠斯勒的支持者称赞《散落的烟火：黑和金的小夜曲》具有艺术原创性，对自然的观察细致入微、具有诗意，对色彩的表达也十分到位。而罗斯金的支持者则称，惠斯勒的作品如脏了

① 200 几尼约等于今日的 13500 美元。——译者注

的墙纸一样缺乏主题、内容模糊，标价 200 几尼是一种敲诈。如果放任惠斯勒不管，继续让他创作的话，那么整个英国的艺术水准都会被降低。最终，惠斯勒胜诉，但他只拿到一法新[①]作为名誉赔偿金。

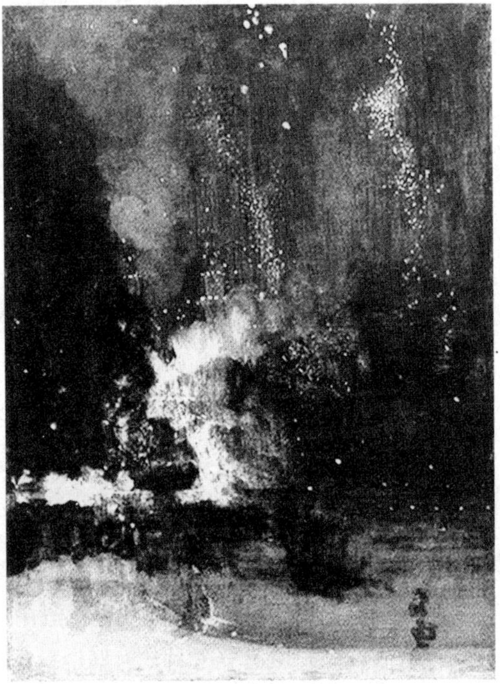

图 7

詹姆斯·惠斯勒,《散落的烟火：黑和金的小夜曲》，1875 年，木板油画，60.2 厘米 ×46.7 厘米，美国密歇根州底特律美术馆。

① 法新是英国 1961 年以前使用的旧铜币，等于四分之一便士。——译者注

1947 年，底特律美术馆以 1.2 万美元（相当于今日的 11.5 万美元）的价格买下了这幅画并收藏至今。专家估计，如果出售，这幅画的价格会上涨数倍。

19 世纪 70 年代，艺术界和大众默认拉斐尔前派与现实主义为艺术的典范和标准。相比之下，印象主义是一种挑战，也是一种不入流的艺术风格。我们不禁要问，究竟是谁来定义艺术的典范和标准，又凭什么来判断什么是艺术、什么不是艺术呢？根据丹托的理论，一件作品只有得到艺术机构的认可才能被视为艺术，印象主义作品也要如此。对此，美学主义者持不同的看法，他们认为艺术有独立于评论界存在的内在价值，无论审美趣味和理论如何改变，艺术的内在价值不变。基于这种理论，如果印象主义从一开始就是真正的艺术，那么它将一直都是。

艺术史上另一场著名的名誉官司发生在 20 世纪初。原告是美国摄影师斯泰肯，被告是美国海关。1926 年，斯泰肯携一座青铜雕塑回国。入境时，他和美国海关就缴纳关税的问题发生了争执。根据美国法律，公民携带艺术品入境只要提前申报就无须纳税。这件雕塑作品是斯泰肯从雕塑家布朗库西那里购买的，名为《空间之鸟》（*Bird in Space*，见图 8），售价 1400 美元。斯泰肯在入境前已经对雕塑进行了申报，但在入境时，美国海关认为这件作品不属于艺术品，因此必须加收 600 美元的关税。斯泰肯如果不想多交这一笔钱，就必须证明《空间之鸟》确实是一件艺术品。这是一次典型的新旧艺术之争，《空间之鸟》代表了现代主义先锋派（the avant-garde）的艺术风格，它以挑战传统艺术审美而著称。最后，美国海关同意以“厨房和医院用品”的名义让这座雕塑通关。

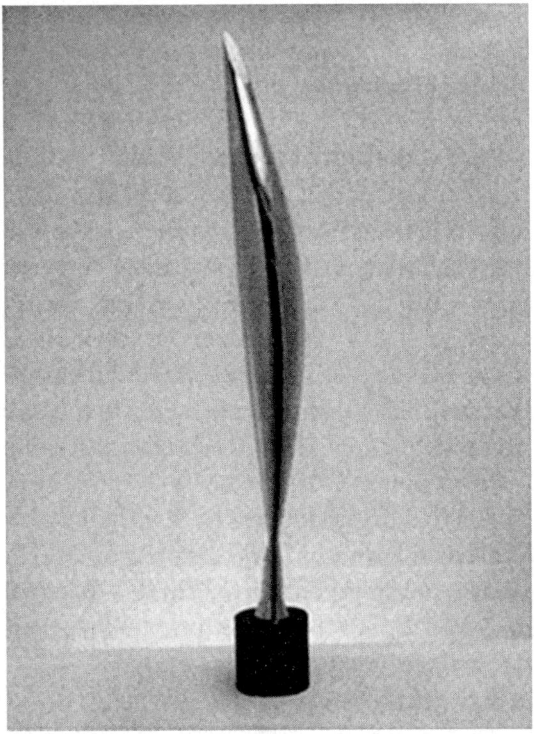

图 8

康斯坦丁·布朗库西,《空间之鸟》，1924 年，抛光青铜，大理石底座，高 127.8 厘米，底座宽 16 厘米，美国纽约艺术家权利协会。

第二年，斯泰肯起诉美国海关，想证明《空间之鸟》是一件艺术品。他首先需要证明它由一位公认的艺术家创作而成；其次，他要证明作品标题中的“Oiseau”是法语中“鸟”的意思；最后他还要证明这件作品是原创的，具有美学价值。雕塑作者布朗库西的艺术家身份可以由熟悉他的人来证实，因此这场官司的困难之处在于证明第三项。美国海关坚持认为《空间之鸟》不是艺术品，因为它的外观不像自然界中的鸟，缺少翅膀、脚和尾羽，鸟类学家无法识别。海关称，由于这件雕塑作品过于抽象，因此只能算是艺术的滥用而不是艺术。

很快，官司的审理陷入了胶着状态。斯泰肯极力解释，《空间之鸟》就是一只鸟的造型，并呼吁观众发挥想象力。他说，这座雕塑比例和谐，兼顾形式与平衡，具备艺术品的所有特质。而且，这件艺术品最大的特色就是奇妙的艺术构思，而这正是技工和艺术家的区别，技工不能因为制作了作品就称自己是艺术家。美国海关认为，虽然布朗库西是一位优秀的青铜抛光师，但他根本算不上艺术家，其作品也算不上艺术品。关于艺术品的定义，还有另一种言论：艺术品是一种激发观众情感并唤醒美学体验的人造品，而《空间之鸟》不符合这个标准。这场官司反映出传统艺术和新兴艺术之间的冲突，具体说来就是自然主义与先锋的抽象艺术之间的冲突。

最终，法庭判定斯泰肯胜诉。法官认为，虽然《空间之鸟》并不像一只自然界中真正的鸟，但它确实唤醒了观众的美学体验。大众要跟上时代的步伐，理解新的艺术风格，不能总是因循守旧，用死板的标准来定义艺术。此外，这件作品确实是由专业的艺术家创作而成，具有原创性。综上所述，法庭判定《空间之鸟》是真正的艺术品。斯泰肯不但赢得了这场官司，还被退还了关税。这是历史上先锋抽象艺术首次得到官方的认可。

事实上，这不是布朗库西的雕塑作品在美国第一次遭到观众的误解。1913 年，纽约第 69 军团的军械库举办了一场画展，展出了 1000 多幅先锋抽象艺术品。这场展览引发了巨大的争议，反对者认为先锋抽象艺术大大拉低了美国艺术的水准，是道德滑坡，也是艺术倒退。一位批评家评价布朗库西的雕塑作品《波嘉尼小姐》是“一颗置于方糖上的熟蛋”。《夕阳时报》（*Evening Sun*）更是发表了一首打油诗来讽刺先锋抽象艺术：

女人们像瓶子一样堆积，
胡萝卜、甜菜或甘薯——
亚里士多德的奇思妙想
为了激怒柏拉图——
如此这般的女士们，求你了
你不必情绪紧张；
我会一直侍奉左右，
哦，我的蛋！

到了 1974 年，在 20 世纪 80 年代艺术品市场空前繁荣之前，布朗库西的雕塑作品《金色黑人女子之二》（*Blonde Negress II*）在纽约卖出了 75 万美元（相当于今天的 325 万美元）的高价，创下了当时艺术品拍卖价格的世界纪录。

艺术形式的多样化

工艺品算是艺术品吗？今天许多公认的艺术家在特定的历史时期也仅仅被看成工匠而已。在中世纪的欧洲，大教堂彩色玻璃的制作者和雕刻师被视为工匠而不是艺术家，而今日的我们也完全不知道中世纪插画手抄本和挂毯的作者是谁。那时，很少有画家和雕塑家会给作品署名，又因年代久远，作者的身份便无从考证了。

与中世纪欧洲的工匠不同的是，古希腊的工匠们普遍喜欢在作品上署名，今天的历史学家在研究古希腊艺术时会尊称这些人为艺术家。文艺复兴以后，艺术家传记开始流行。但在中世纪，艺术品和手工艺品之间的界限是模糊的。那么，这是不是意味着，建于那时的欧洲大教堂不能算是艺术品？

直到 1300 年左右，即意大利文艺复兴初期，大众才逐渐把艺术家和工匠的身份区分开。文艺复兴时期的画家、雕塑家和建筑师纷纷效仿古希腊艺术家，开始在作品上署名，以表明自己艺术家的身份。到了 16 世纪，文艺界出现了“艺术天才”这个说法。在此之后，受过良好教育的艺术家开始得到大众的尊重，艺术家的社会地位也因此大大提高。

知识拓展

法国绘画与雕塑学院

不同的历史时期对艺术主题采用不同的分类方法。17 世纪的法国，为了规范艺术发展，路易十四创建了法国绘画与雕塑学院。学院规定，将不同的艺术主题按照重要性从高到低排序。按照这个标准，艺术主题的重要性从高到低可以分为基督教圣事类、历史绘画类、风俗画类、风景画类和静物画类。我们不禁会想，昔日的路易十四和他的宫廷贵族们会如何看待杜尚的小便池、铲子、帽架或沃霍尔的布里洛盒子，又会如何给它们归类呢?

19 世纪，随着英国“工艺美术运动”（Arts and Crafts Movement）的兴起，工艺品和艺术品的差异再次引起关注。威廉·莫里斯（William Morris）是该运动的领导人，他认为工艺品包含陶瓷、玻璃、金属制品、挂毯和编织棉布，是熟练生产、具有美学特征的手工制品，因此应该被视为艺术品。工艺品的一大特征是实用，比如墙纸和家居饰品。莫里斯指出，由于工艺品兼具实用和美观两种特点，因此工艺品就是艺术品。借用圣埃克苏佩里（Saint-Exupéry）在《小王子》中的表述：“它真的很有用，因为它很漂亮。”

“摄影”（photography）一词的字面意思是“以光绘画”。摄影是 19 世纪的发明，它深刻影响了视觉艺术，尤其是绘画的发展。但最初，摄影并不被视为艺术。在发明了永久保存图像的技术以后，摄影被广泛应用于肖像艺术、时尚行业、科学和工业领域、资料收集和新闻行业，以及人类学研究等，但是社会大众对摄影这一新技术仍持保留态度。1839 年，《纽约客》杂志刊登文章称“摄影令艺术窒息”。从 1850 年开始，艺术界就“摄影算是艺术吗”这个问题进行了广泛而深入的讨论。部分人认为，照片不是艺术家亲手制作而成的，它只能算是机器制品而不是艺术品，因此摄影不能算是艺术。

20 世纪早期，美国的超现实主义摄影师曼·雷（Man Ray）为摄影辩护。他称摄影是一种全新的媒介，拓宽了艺术家的表达方式。曼·雷是达达主义者，并借这个话题戏弄了艺术界一番。在发表了一篇题为《摄影可以是艺术》（*Photography Can Be Art*）的文章后，他又出版了两本书，分别是《摄影不是艺术》（*Photography Is Not Art*）和《艺术不是摄影》（*Art Is Not Photography*）。

今天，摄影已经成为一种成熟的艺术形式。随着技术的发展，摄影更成了影像与数字艺术的基础，视觉艺术家们一直在用新的媒介和技术不断拓展艺术的主题。摄影的发展历程告诉我们，艺术风格和大众品位会随着时间的流逝而产生变化，技术也会随之不断进步。这一切将反映在艺术媒介和图像的革新之中，带来全新的艺术解读方式。

要点总结

1. 柏拉图认为艺术是对现实的模仿，具有危险性，因此在他设想的理想国中，哲学王居于最高地位。
2. 1940 年兴起于纽约的抽象表现主义艺术不再描绘可识别的形象，而是描绘图画的现实空间，这一转变导致更多的艺术风格相继出现，如以安迪·沃霍尔为代表人物的流行艺术。
3. 康德认为，娱乐艺术仅仅是好看好玩的装饰，没有深度，不需要艺术天赋，没有审美意义也没有道德意义；严肃艺术则不然，它是艺术家艺术天分的直接体现。

ART A BEGINNER'S GUIDE

2

西方艺术简史

旧石器时代的雕塑主题是什么？

古近东地区包括今天的哪些地方？

世界上第一种文字诞生于何时何地？

浪漫主义何时受到欧美主流艺术界的青睐？

艺术品是在特定的文化背景下创作而成的，创作的时间和地点决定着它们的特质。每件艺术品都是一扇窗户，通过它，我们可以了解人类的创造力和历史的发展轨迹。脱离文化语境和历史背景来理解艺术品是困难的，或者说在这种情况下了解任何一件事物都困难重重。史前时代是人类历史中最为漫长的一个阶段，本章从这里开始简要介绍西方艺术史的发展脉络。

西欧的石器时代

目前已知的艺术史始于持续了超过 100 万年的旧石器时代（约前 1500000—前 1800）。到了中石器时代（约前 8000—前 4000）与新石器时代（约前 4000—前 1800 或前 1500），艺术的主题与创作技巧发生了重大变化，这反映出人类文明的演进。旧石器时代、中石器时代与新石器时代统称为史前时代，由于那时的人类还没有发明文字和书写体系，这一时期的历史缺乏文字记载，我们无从了解艺术品的含义与功能，但是出土的文物为我们研究史前时代提供了大量线索。

旧石器时代的人类过着一种游牧的生活，常常从一处迁徙到另一处，寻找食物、水源与住所。此时的人类靠捕猎和采摘果实为生，并不懂得如何种植农作物，通常用动物皮毛与骨头制作武器和工具。留存至今的旧石器时代艺术主要有两类：刻画女性和动物的小型雕像，岩洞壁画。岩洞壁画多为描绘人类打猎的场景，上面有动物和人类的简笔画。女性雕像似乎象征着生育，因为雕像往往夸大了女性的胸部和骨盆，而这两个部分是女性为婴儿提供营养、进行生殖的器官。

最著名的旧石器时代女性雕像是出土于奥地利沃尔道夫的石灰岩雕像《沃尔道夫的维纳斯》（*Venus of Willendorf*，见图 9），创作时间约为公元前 25000 年。雕像呈椭圆状，人物手臂极小，脸部（除了嘴以外）被盖住，双腿从中间被截断，轮廓优雅、流畅，富有韵律感。这是一件典型的圆雕艺术品（sculpture-in-the-round），以人物正脸为正面，三个侧面均刻有不同的内容。雕像的尺寸非常小，只有约 11 厘米高，一只手就可以握住，但由于雕刻者运用了压缩空间、扩大轮廓形状的雕刻技巧，因此雕像显得很大。此外，由于雕像内容紧凑，观众的目光会直接聚焦在椭圆形的身体上，使其看起来更加饱满。其中，雕像表面的红色颜料可能代表分娩中留下的血液。

今天，人们认为《沃尔道夫的维纳斯》和其他旧石器时代的女性雕像一样，象征着生育，因此以古罗马的爱与美之神维纳斯给雕像命名。此外，这座雕像显得很大，符合孩童的视角，即在孩子的心中，父母的形象总是高大的。可以说，《沃尔道夫的维纳斯》体现出创作者有“艺术天才”的特质，即创作者将自己孩童时期的回忆在脑海中糅合，创造出具有美学形态的艺术品，这种作品能被特定的观众接纳、欣赏和理解。

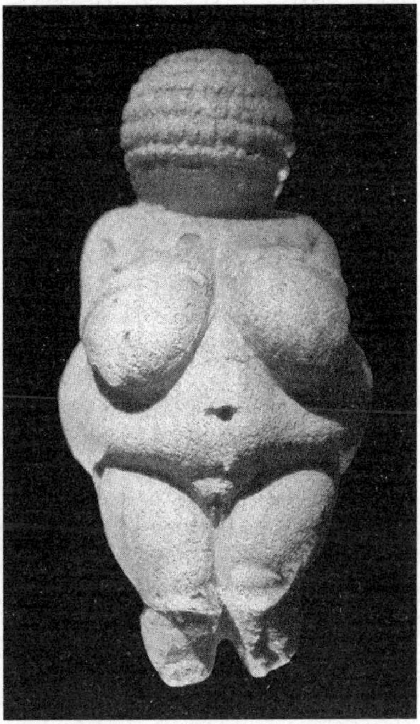

图 9

《沃尔道夫的维纳斯》，约公元前 25000 年，石灰岩，高 11 厘米，奥地利维也纳自然历史博物馆。

西欧现存最古老的旧石器时代岩洞壁画是位于法国东南部的肖维（Chauvet）岩洞壁画，创作时间为公元前 30000—17000 年。壁画上的动物栩栩如生，非常写实。与象征生育的《沃尔道夫的维纳斯》不同的是，该岩洞壁画反映了狩猎对于人类的重要性。由于壁画中的动物图案极其逼真，我们可以推断，作者一定研究过描绘动物的技巧，且整个旧石器时代一定存在着画师群体。与动物形象相比，壁画上的人物非常渺小，并且只是简略的示意图。

人类从中石器时代开始过渡到定居时期，不再流浪。到了新石器时代，人类学会了种植农作物。此时，巨石建筑作为一种新的艺术形式出现了。西欧新石器时代最著名的建筑作品是位于英国威尔特郡索尔兹伯里（Salisbury）的巨石阵（见图 10）。巨石阵始建于公元前 3000 年左右，起初它们只是大片平原上的一系列圆形土丘。今天，我们仍无从知晓古人修建巨石阵的初衷，但猜测其可能与原始宗教的祭祀仪式有关。

最早期的巨石阵中修有若干坟墓和东西向的通道，通道的尽头伫立着一根踵石（heel stone）。经过多年的演变，巨石阵的规模和外观都发生了巨大的改变，但毫无疑问的是，巨石阵一直是新石器时代建筑的典范。最后一次修建巨石阵发生在公元前 1800 年或公元前 1500 年，至此，巨石阵终于成为今天我们所看到的样子。成形的巨石阵属于环状列石（cromlech）建筑，以石头呈环形结构排列为特征。

环状列石是巨石阵的代表性特征。首先，它包含一层环形的外墙，外墙由多根直立石柱组成，每两根直立石柱的顶部水平放置一个石块，这样石柱就在水平方向上被连接起来。其次，外墙里还有一层内墙，内墙也是同样的环形结构，由多根直立石柱与石头顶部水平摆放的石块组成。再次，内墙里有一个马蹄形的摆设，摆设由5组石碓组成，每组石碓有三块大石头，其中两块是直立的石柱，一块是水平摆放的石块。最后，在这马蹄形摆设的里面还有一个更小的马蹄形摆设，它由更多的小石块组成。整个巨石阵的中心是一根所谓的祭坛石（Altar Stone）。

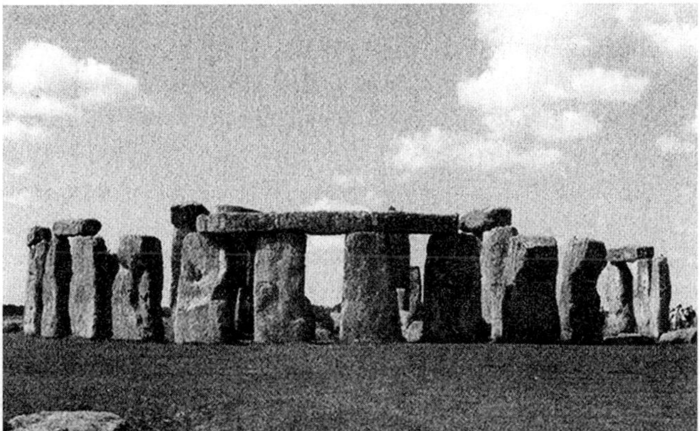

图 10

巨石阵，公元前 3000 年到公元前 1500 年，英国威尔特郡索尔兹伯里。

值得一提的是，巨石阵外墙这种由多根直立石柱组成环形，环形中每两根直立石柱的顶部水平放置一个石块的建筑布局叫作连梁柱结构（post-and-lintel）。由于巨石阵直立的石柱之间有较大的空隙，人们可以自由地穿梭其中，因此专家推测，在举行祭祀仪式之时，人群出没于石柱之间，或载歌载舞，或表演节目。巨石阵的石柱质地都很粗糙，高度也大体相同，因此可以推断，为了营造和谐、平衡的感觉，建造者刻意打磨了石头的大小，以确保巨石阵的稳固性。巨石阵的连梁柱结构是建筑设计的杰出典范，它被应用在西方后世的建筑艺术中，以更加精美复杂的形式出现，具有丰富的象征寓意。

知识拓展

巨石阵之谜

几个世纪以来，英国的巨石阵一直令人着迷。它由曾经居住在英国西南部的威塞克斯人（Wessex）建造，被认为用于农业祭祀。学者认为，掌管巨石阵的是德鲁伊特祭司（Druid priests）。巨石阵属于石室冢墓建筑，由多个圆形石阵组成，而这些石阵在日光的照射下会投下阴影，因此巨石阵的作用与日晷类似。一些学者认为，巨石阵是用来预测季节变化和某些天文事件的，如日食和彗星。踵石的摆放位置非常巧妙，每年 6 月 21 日，太阳会在踵石上方直接升起，同时直射祭坛石。如今，在每年的夏至来临之际，去巨石阵看日出已成为来自世界各地的游客最热衷的体验之一。

巨石阵的一个不解之谜是：在轮子被发明之前，巨石是如何被运到这里的？要知道这里最大的石头重达 50 吨，而采石场又远在 32 千米之外。考古学家证实，内墙里较小的石柱来自更远的地方，有些甚至源自距离巨石阵超过 160 千米的威尔士。此外，水平石块又是如何被放置到石柱之上的呢？答案不得而知。

千百年来，人们对是谁建造的巨石阵提出了各种奇特的理论。比如，有人说巨石阵由拥有先进技术的外星人所建，也有人说巨石阵是亚瑟王的御用魔术师梅林使用魔法建造的。时至今日，为了解开其中的谜团，考古学家和其他学者仍在孜孜不倦地研究着关于巨石阵的一切。

古近东地区：文字的出现

在西欧进入石器时代之时，地中海地区涌现了一批重要的古代文明。那里有五大地理区域，分别是古近东地区、埃及、爱琴海群岛、希腊大陆与附近的岛屿，以及意大利半岛。由于频繁的贸易、战争和文化交流，这些地区政权的持续时间存在重叠。例如，当古罗马称帝时，希腊并没有灭亡；当亚历山大大帝于公元前 323 年征服近东地区后，近东的本土政权并没有消失。总而言之，每种文明都有其璀璨期与衰落期，当一种文明处于璀璨期时，它对其他地区的影响力最为深远，此时它的艺术也达到了巅峰，可以说艺术深受文化的影响。下面我们从古近东地区开始，一起探索从公元前 7000 年持续到公元前 331 年的历史。

古近东地区包括今天的土耳其、俄罗斯的南方、以色列、约旦、沙特阿拉伯和伊朗，它是一个由许多语言文化、宗教信仰、地貌特征和艺术风格所组成的地区。学界普遍认为，美索不达米亚（Mesopotamia）是古近东地区的中心，它的字面意思是“河流之间的土地”，两条河流分别指如今伊拉克的底格里斯河和幼发拉底河。公元前 3500 年到公元前 3000 年，美索不达米亚诞生了世界上第一种文字——楔形文字。同时，人类的第一部文学作品《吉尔伽美什》（*The Epic of Gilgamesh*）也诞生于此，因此美索不达米亚被称为“世界文明的摇篮”。也可以说，文字最早出现在美索不达米亚南部的苏美尔。正是有了文字记载，今天的人们对古近东地区的了解才远远多于对史前时代的了解。

伴随着文字的诞生，新兴的艺术形式也开始出现。这个时期的美索不达米亚广泛修建半圆形拱门和庙塔建筑（ziggurat）。与古代西方相同的是，美索不达米亚也信奉多神教，人们相信自然界存在许多不同的神灵，每个神灵保佑人类生活的不同方面。世界上所有宗教建筑的目的都是让信徒与神灵心灵相通，美索不达米亚也不例外。庙塔是一种规模宏大的阶梯式金字塔形建筑，被誉为“神山”，人们相信神灵居住在这里。这是一种独特的建筑形式，外围通常有一个神龛，那里供奉着城市的守护神。现存最古老的庙塔位于古美索不达米亚的乌鲁克（Uruk）遗址，修建时间可追溯到公元前 3500 年至公元前 3000 年。

除了为数众多的庙塔，古近东地区还以辉煌灿烂的皇家艺术闻名于世。皇家艺术旨在展示国王权力的至高无上和信仰的虔诚，以雕像《手持花瓶的古迪亚》（*Gudea with a Vase*，见图 11）为杰出代表。古迪亚是新苏美尔时期（约前 2150—前 1800）拉加斯城邦的国王，城邦遗址位于今日幼发拉底河的沿岸。古迪亚是一名强大的领袖，他在位期间政权稳固、社会和平，因此古迪亚总以贤君的形象示人。

在图 11 所示的雕像中，古迪亚直视前方，自信满满，手持花瓶，花瓶中流淌着涓涓细流，小鱼儿跃然而出跳到皇袍之下。古迪亚自比沙漠中的水源，认为是自己为城邦带来了稳定与和平。这座雕像和《沃尔道夫的维纳斯》一样尺寸都不大，仅高 73.7 厘米，但古迪亚身材紧凑、肌肉发达，头直挺挺地架在肩膀上，显得英勇伟岸。

现存的古迪亚雕像共有 20 多座，其中好几座中的古迪亚都戴着同样的帽子，帽子上绣有圆形图案，帽檐一律被拉到耳边。雕像的长袍上刻有楔形文字，详细记载了古迪亚作为君主所取得的丰功伟绩。古迪亚以建造庙宇而著称，他声称自己受到神灵托梦，因此兴师动众地修建寺庙。和大多数古代帝王一样，他选用石头雕刻自己的样貌，因为石头象征着永恒不朽。雕像中的古迪亚身穿长袍并露出肩膀，这是美索不达米亚的传统，象征着信仰的虔诚，标志着古迪亚是祭司，也是统治者。古人相信国王介于神灵与人之间，古迪亚双眼微瞪，眼睛凝视着前方，仿佛神灵已经降临。

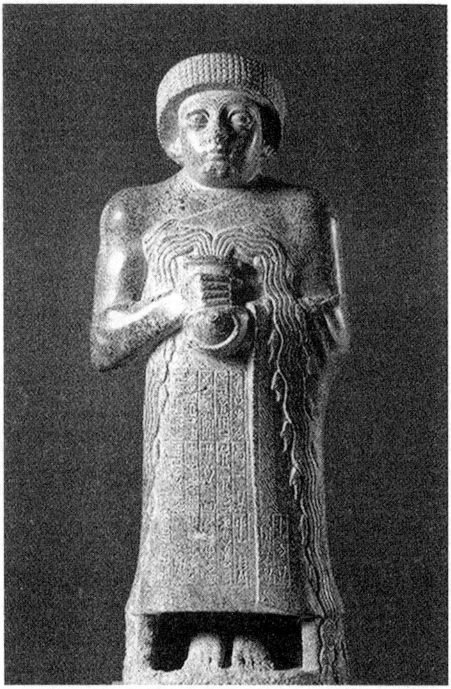

图 11

《手持花瓶的古迪亚》，约公元前 2029 年，闪长岩，高 73.7 厘米，法国巴黎卢浮宫。

古美索不达米亚的君主并非都如同古迪亚一样爱好和平，统治者穷兵黩武的好战天性也体现在皇家艺术之中。公元前 2332 年，萨尔贡一世（Sargon I）在美索不达米亚北部地区建立了阿卡德王国（Akkadian dynasty）。几千年后，一座萨尔贡的青铜头像在垃圾堆里被发现。头像的左眼被挖了出来，这表明在王朝衰败之后，国王头像遭到了损毁。萨尔贡一世的孙子纳兰辛国王（King Naram-Sin）也曾显赫一时，他的功勋被记录在一块石灰岩碑石上。碑石上刻有浮雕，描绘了纳兰辛国王和军队登上山顶征服敌人的故事，浮雕顶部刻有象征着纳兰辛国王守护神的符号。

约公元前 1000 年，强大的亚述帝国（Assyrian Empire）在美索不达米亚北部地区称霸。亚述王以骁勇善战闻名于世，同时也好大喜功，热衷于修建衬有浮雕的巨大宫殿以记录战功。浮雕大多被放置在皇家公园中，一大主题是展现亚述王猎杀狮子时的英勇与智慧，突出国王的强壮和武艺精湛的战士形象，似乎比百兽之王还要勇猛。

除了浮雕之外，拉玛苏（Lamassu，见图 12）也是亚述帝国皇家艺术的杰出代表。拉玛苏是守卫亚述宫殿大门的人面牛身双翼神兽，其体形极其庞大，拥有五条腿。从正面看，拉玛苏的两条前腿站得笔直，警惕地守着大门，防御从门外进来的人。从侧面看，它的几条后腿似乎都正在走动。拉玛苏的造型巨大，意在表现皇家气度和军事实力。值得一提的是，拉玛苏这样的半人半兽神像在整个古近东地区都十分流行，并非亚述帝国所独有。神兽在古代被视为神灵的化身，象征着至高无上的权力，旨在提醒人们神灵无处不在。

古近东地区最后一个强大的政权是波斯帝国，该帝国的存在时间一直持续到公元前 323 年亚历山大大帝逝世。波斯帝国位于今日的伊朗，首都波斯波利斯修有巨型宫殿，彰显着统治主权。人们进入波斯波利斯皇宫后会首先进入觐见大殿并登上长长的阶梯。阶梯两侧刻有浮雕，图案为波斯帝国骁勇善战的士兵和军队，还有外国使团前来进贡的画面，展示了波斯帝国实力之强，周围小国皆俯首称臣。

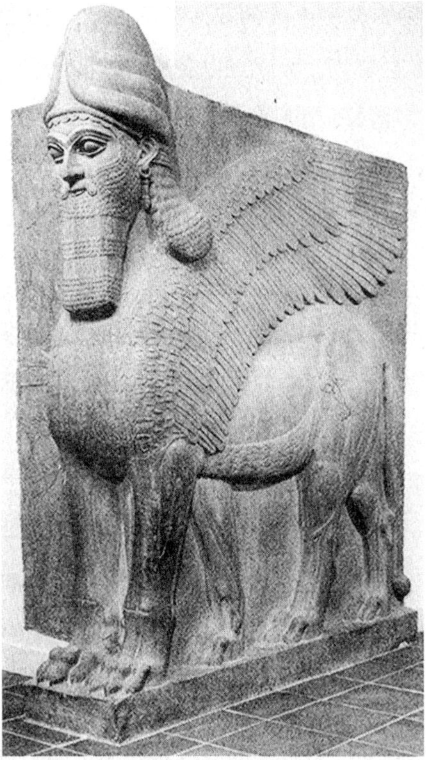

图 12

阿苏尔纳西尔帕二世宫殿（the Palace of Assurnasirpal Ⅱ）的拉玛苏，前 883—前 859，雪花石膏，高 3.11 米，美国纽约大都会艺术博物馆。

觐见大殿内有 100 根高大的装饰性圆形石柱，建造原理以巨石阵的连梁柱结构为基础，但更复杂也更高级。每根石柱由底座、柱身和柱头三个部分组成。底座是一个圆盘，柱身垂直于地面，柱头雕有公牛。公牛象征着国王，代表国王是国家的首领。在古代艺术中，公牛和狮子都象征着统治者至高无上的权威。

埃及：国王与艺术

与语言、文化、信仰多元而包容的古近东地区不同，古埃及是一个单文明的国家。公元前 3100 年，古埃及地区建立了以法老为最高统治者的统一国家。此后，其文明延续了近 3000 年，古埃及成为四大文明古国之一。古埃及人热衷于修建巨石建筑物，这在某种程度上反映了社会的稳定，因为不朽的石头象征着统治者的权力万古长青。古埃及人普遍有长生不老的愿望，大量艺术品体现了与永生有关的主题，尤以皇家艺术为代表，而这在其他文明中是常见的。

古埃及金字塔实际上是法老的陵墓，体现了法老永生的愿望。金字塔外观雄伟壮丽，内部摆放着法老的木乃伊和个人财产。基底为正方形，侧面是四个三角形，三角形在基底正中央的垂直上方相交。金字塔内有大大小小的秘密通道和活板门，如迷宫一般错综复杂，作用是防止盗墓者进入墓室，惊扰安息的法老。法老的尸体在安葬前经过了防腐处理，即所谓的木乃伊。古埃及人相信，人死后必须保证肉身不死，这样抵达阴间后就可以生生世世与太阳神同在。这种信念也体现在金字塔的外观上：金字塔的塔身是切割精密的巨型石灰岩石块，塔尖以黄金覆盖，模仿金色的太阳。每当太阳升起时，塔尖闪烁着金色的光芒，一缕缕金光从顶部倾泻而下，璀璨非凡，十分耀眼。如今大部分金字塔的内部已被洗劫一空，那里原本藏有数不清的绘画和珍贵珠宝。绘画详细记载着法老的日常生活，珠宝珍贵华美，包括金、银、红玉髓和天青石等。

吉萨是位于尼罗河沿岸的城市，与旧开罗隔河相望。吉萨有三座金字塔，分别属于三代不同的法老。图 13 为哈夫拉金字塔，是为纪念法老哈夫拉而建的，他的统治时期为公元前 2520 年至公元前 2494 年。哈夫拉金字塔的门口有一座巨大的石灰岩狮身人面像坐镇把守，内部还有一座神庙。狮身人面像与亚述宫殿的巨兽拉玛苏一样都是守护神。狮子不仅是百兽之王，在古代还一直是传统的守护者形象：瞪着圆圆的眼睛，时刻保持警惕，守护着周围的领域。

古埃及神庙的主题是体现法老作为人民的保护者，里面有一排排平行排列的雕像和石柱（见图 14）。石柱也以连梁柱结构为建筑原理，这与波斯波利斯觐见大殿中的圆柱相同。两者的不同之处是，古埃及神庙中的石柱柱头并不是动物图案，而是尼罗河沿岸的植物图案。这些植物图案非常复杂精美、多种多样，既象征着尼罗河的富饶、植被茂密，又体现了社会的繁荣和法老统治的成功。

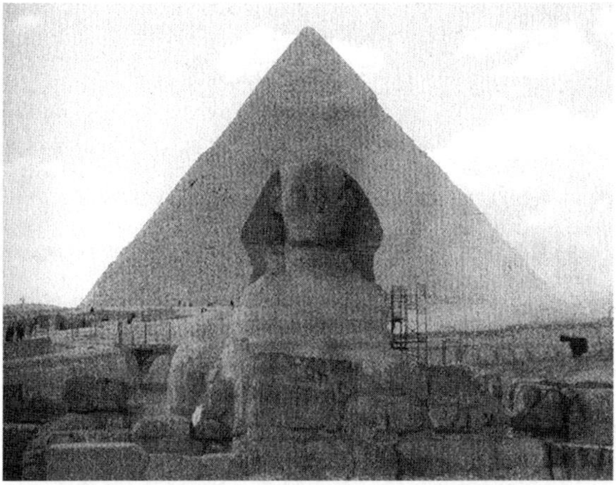

图 13

哈夫拉金字塔与前面的狮身人面像。

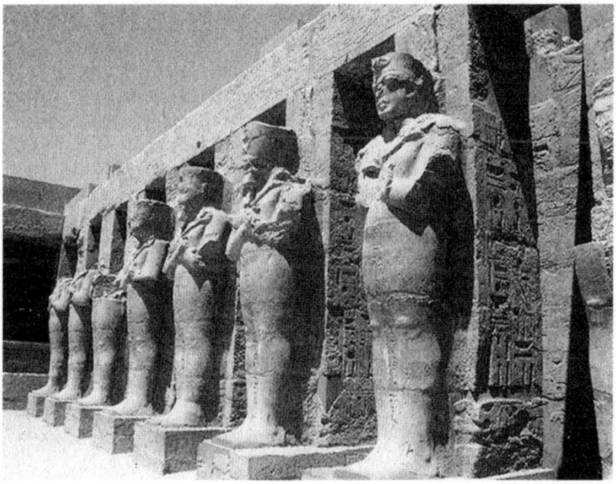

图 14

古埃及神庙内的石柱与法老雕像。

知识拓展

古埃及的历史背景

除了一些绿洲，埃及的大部分土地是沙漠，依赖着世界上最长河流尼罗河每年的河水泛滥以肥田。埃及历史体现出文明的一贯性和延续性，大致可分为三个主要时期：古王国时期（前 2575—前 2150）、中王国时期（前 1991—前 1640）与新王国时期（前 1550—前 1070）。三个主要时期中间还有一些过渡时期。

与古美索不达米亚一样，古埃及人相信神灵无处不在，国家的繁荣昌盛依赖于神灵的庇佑。在古埃及，权力集中在法老一人身上，他被视为人间的太阳神。与古迪亚国王不同的是，古埃及法老认为自己是真正的神，并不只是神与人之间的媒介。古埃及艺术与古近东和美索不达米亚的艺术一样，也是由统治者下令创造的，因此艺术反映的是统治者的神圣权威。幸运的是，现代学者可以通过破译古籍、坟墓和神庙墙壁上的古埃及文字来研究古埃及历史。现存最重要的古埃及文物之一是古代国王名单，它记载着各位法老的身份与统治年代，尽管日期并不一定确切。

那尔迈（美尼斯，Narmer 或 Menes）是古埃及统一后的第一代国王，他的功劳是征服了上埃及与下埃及，建立了一个统一的国家。那尔迈统一埃及的事迹被记录在《那尔迈石板》（*Palette of Narmer*）上，考古学家于某座神庙中发现了它，石板现存于开罗的埃及博物馆。

从王权到民主：爱琴海神话和理想的人类形态

古爱琴世界指的是位于希腊大陆和现代土耳其西海岸（古安那托利亚）之间的爱琴海诸岛。古爱琴文明从公元前 3000 年持续到公元前 1200 年，在克里特岛（Crete）达到顶峰。克里特岛是位于现代利比亚北部和基克拉泽斯（Cyclades）群岛南部的岛屿。千百年来，爱琴文明只被人们当成神话故事和传说，直到 20 世纪，在考古学家挖出古爱琴文明的相关文物后，爱琴文明才重见天日，得到世人的承认。

《跳跃的公牛壁画》（*Bull-Leaping Fresco*，见图 15）又称《驯牛图壁画》（*Toreador Fresco*），是克里特岛的艺术代表作之一。这幅壁画位于克里特岛的克诺索斯王宫（Palace of Knossos）中，画面内容为三个年轻人与一头进攻的公牛搏斗。学者推测，画面内容可能与弥诺陶洛斯（Minotaur）神话有关。《跳跃的公牛壁画》以动态曲线为特征，造型优美，是典型的弥诺斯艺术，与古埃及皇家艺术的静态、直线造型形成鲜明对比。

知识拓展

弥诺陶洛斯神话

在希腊神话中，克里特岛的统治者是其国王弥诺斯（Minos），弥诺斯是天神宙斯的儿子。某日，宙斯伪装成公牛，从希腊大陆绑架了凡人女孩欧罗巴（Europa），将她带到克里特岛并与之苟合。不久，欧罗巴诞下儿子弥诺斯。后来弥诺斯因某些原因冒犯了海神波塞冬而受到惩罚。他的妻子爱上了一头公牛，生下了一只半人半牛的怪兽，取名弥诺陶洛斯。弥诺陶洛斯要求雅典人每年给自己进贡 7 个男孩和 7 个女孩，并要求这些孩子参与一种危险的祭祀仪式：跳过一头进攻的公牛背部。每年都有无数的青少年因此丧命，直到希腊英雄忒修斯（Theseus）杀死弥诺陶洛斯，才结束了这一切。

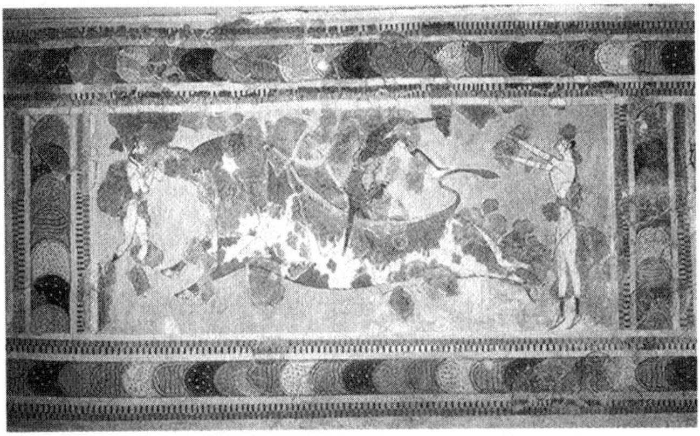

图 15

克诺索斯王宫的《跳跃的公牛壁画》，约公元前 1500 年，希腊克里特岛。

约公元前 1450 年，克里特岛被迈锡尼人（Mycenaeans）攻陷，弥诺斯文明开始衰落。由于克里特岛四面环海，受到大海的保护，因此不需要建造大型防御性设施。然而迈锡尼就不同了，迈锡尼人是来自希腊大陆的武士民族，位于希腊大陆的迈锡尼古城拥有多层厚实的防护墙，墙体由众多巨石组成。由于防护墙的石块过于巨大，古希腊人相信防护墙是由传说中的独眼巨人（the Cyclopes）建造的，今日的“巨石工程”（cyclopean masonry）一词就源于独眼巨人的传说。此外，迈锡尼还是带领希腊打败特洛伊的英雄将军阿伽门农（Agamemnon）的故乡。为期10年的特洛伊战争在荷马的《伊利亚特》中有详细记载。

迈锡尼古城建在山顶上，其大门由两根直立的柱子和一块过梁组成，是典型的连梁柱结构。图16所示的狮门是迈锡尼古城防护墙上为数不多的开口之一，为了防止入侵者的突袭，狮门开口非常狭窄、矮小。狮门以过梁上的一对石灰岩狮子雕像命名。两只狮子以突拱（corbel arch）的方式围成一个三角形或梯形，中间是弥诺柱（Minoan column）。本章此前曾提到，狮子是传统的守护者形象。因此，迈锡尼古城的狮门与吉萨金字塔前的狮身人面像、亚述宫殿前的拉玛苏一样，都传达着“一直守护下去”的寓意。

约公元前1100年，随着迈锡尼文明的衰落，古希腊进入了黑暗时代（Dark Age）。公元前800年，来自古近东地区的民族入侵希腊。与此同时，来自北方的讲希腊语的新族群也开始进入希腊大陆，这些人自称希腊人（Hellenes）。他们对自己的民族与文化的看法和地中海地区的其他民族截然不同，他们着眼于人类，认为人才是宇宙的中心。希腊人对人类的关注使得希腊艺术有别于美索不达米亚、波斯、亚述和古埃及的艺术。希腊艺术不以凶猛的禽兽为艺术主题，而是歌颂人类的肉体，追求理想的人类形态。古希腊的文学、历史和戏剧探索人类的心理动机和性格。希腊神话中的诸神虽然不同于生命有限的凡人，但都具有人性，拥有人类的脾性。

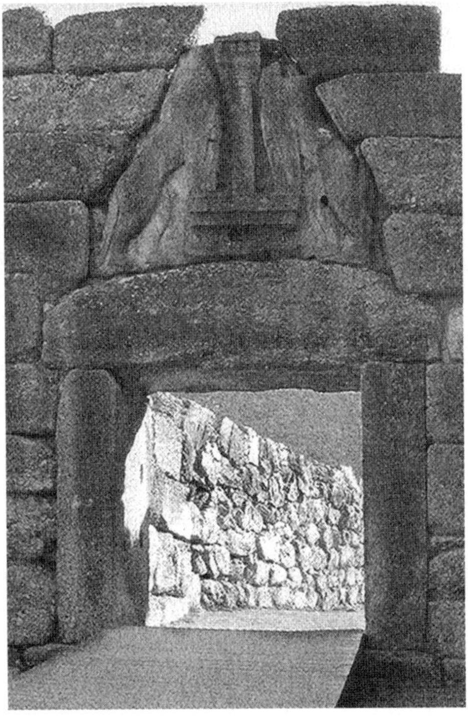

图 16

狮门，约公元前 1250 年，希腊迈锡尼。

最初，古希腊艺术受到古埃及皇家雕塑艺术的影响，但很快就发展出独有的审美，尤以理想化的男性裸体为代表。古希腊艺术发展迅速，以前所未有的规模大量创作了形态完美的男性裸体雕像。纵观公元前 8 世纪到公元前 1 世纪的古希腊艺术，追求理想化的人类形态的古典主义风格可分为早期古典主义（前 490—前 450）、盛期古典主义（前 450—前 400）和晚期古典主义（前 400—前 323）。

古希腊对人体的迷恋最早体现在早期古典主义风格之中。大理石雕像《掷铁饼者》（*Discus Thrower*，见图 17）是以古希腊雕塑家迈伦（Myron）的同名青铜雕像为蓝本的仿作。可惜的是，迈伦的《掷铁饼者》原作已经遗失，我们无从欣赏。掷铁饼者是一位身材完美的年轻男子，他正扭转着身体准备投掷铁饼。作为观众，我们不禁想，雕塑家一定仔细研究过人体解剖学，否则无法刻画出如此逼真的人体动态细节。

这座雕像的特别之处并不在于它以写实的方式刻画了人物形象，而在于表现出了理想的人类形态。作品中的这位运动员精力充沛但举止冷静，既不紧张也不拘束，面部没有表情，性格也不外露。他的头颅是光滑的球形，与圆形的铁饼和底座遥相呼应。运动员展开双臂，划出两道圆弧，圆弧在脖颈处相交。《掷铁饼者》的各个方面都符合亚里士多德对艺术品的要求：大小合适、结构统一、比例得当、符合几何原理。因此，我们可以说它是一件完美的雕塑作品。

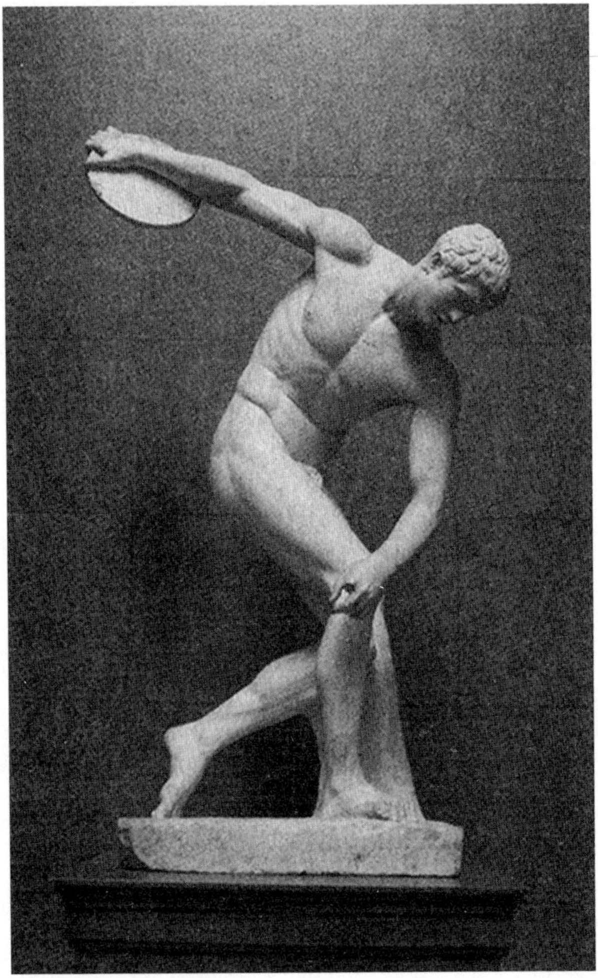

图 17

迈伦，《掷铁饼者》，约公元前 460 年，大理石复制品（原作为青铜雕像），意大利罗马国家博物馆。

古典主义从早期古典主义发展至晚期古典主义，一直持续到公元前 4 世纪。与古典主义艺术相伴的是民主政治。公元前 4 世纪，雅典建立了人类已知的第一个民主政治体制。雅典法律规定，城邦统治者由男性公民选举产生，每个男性公民都必须服兵役以及参加立法集会。与同时代的其他民族相比，希腊人热爱民主，反对暴政和王权，认为男性公民（不包括女性和男性奴隶）有权利和义务参与选举和公共事务。

公元前 479 年，波斯战争结束之后，雅典将军伯里克利（Perikles）被选为首席执政官，他下令重修在波斯战争期间遭到重大破坏的神庙和众多建筑。波斯战争以希腊大获全胜而告终，作为战胜方，雅典恢宏万千的气势反映在古典主义艺术之中。希腊古典主义艺术追求理想的人类形态，以人类身体的尺寸和比例为参考修建包括神庙在内的建筑物。伯里克利重修雅典城计划的核心是重修雅典卫城和周围的神庙、避难所、博物馆、雕塑。古希腊人并不相信死去的肉体可以复生，因此他们的墓穴建筑非常简朴，这与古埃及的木乃伊和金字塔截然不同。典型的希腊式墓穴只有一个刻有文字的直立石碑，也有一部分石碑刻有浮雕，以表示对死者的怀念。

伯里克利时代最伟大的建筑物是位于雅典卫城的帕特农神庙（Parthenon，见图 18）。雅典娜是希腊神话中的战争之神，代表着智慧，有着高超的纺织技巧，同时也是处女之神[①]和雅典城的守护者。今天，帕特农神庙已是废墟，处于修复状态中。除了木制的屋

① “parthenos”是“处女”的希腊文。——编者注

顶和固定柱子的金属栏杆以外，整座神庙都是以大理石建造的。帕特农神庙有两个矩形的屋子：一个是陈列室，那里陈列着许多由黄金和象牙制作的雅典娜雕像；另一个是雅典城的金库。

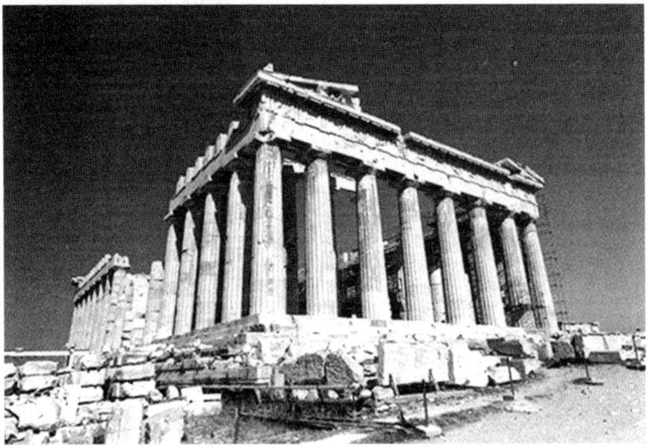

图 18

帕特农神庙的东立面与南墙，前 447—前 438，大理石。建筑师：伊克蒂诺斯（Iktinos）和卡里克雷特（Kallikrátes），雕塑家：菲迪亚斯（Phidias），希腊雅典。

古希腊建筑与波斯帝国、古埃及的建筑截然不同。希腊建筑并不强调王权的神圣与至高无上，也不展示国家的富饶、河流植被的繁多。希腊建筑的特点以几何学为原理，追求形式的和谐与统一。在连梁柱结构的基础之上，希腊人发明了风格独特的希腊柱式，帕特农神庙采用的就是多立克柱式（Doric Order，见图 19），它的特点是柱子的不同部分相互对应。

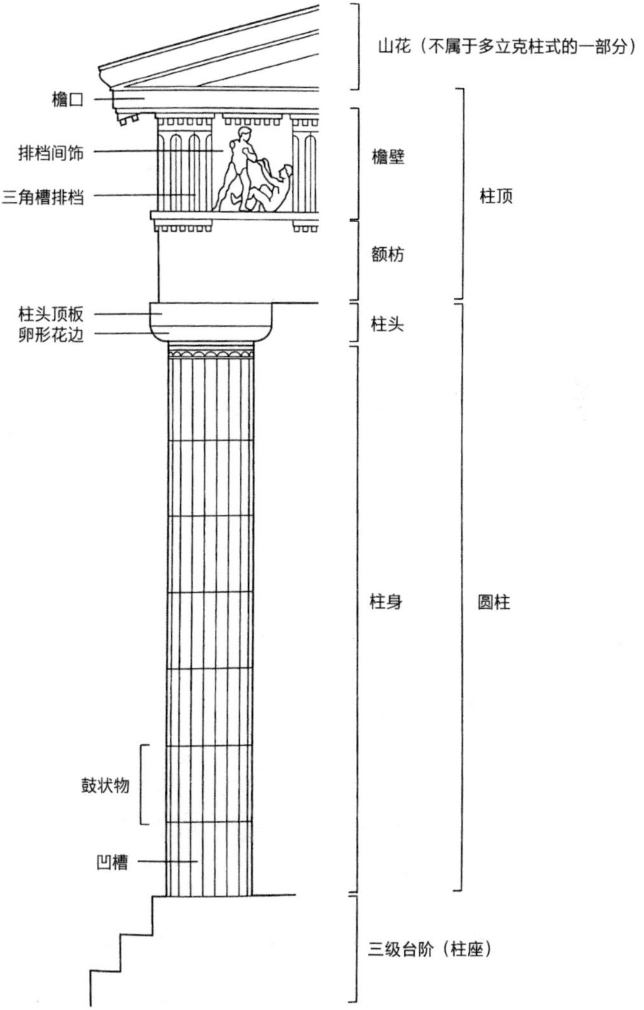

图 19

多立克柱式图解（附山花部分）。

从下往上看，多立克柱式由柱座（base）、柱身（shaft）、柱头（capital）、额枋（architrave）、檐壁（frieze）和檐口（cornice）组成，檐口上方还有三角形的山花（pediment）。柱座由三级台阶构成，是一个不规则的四边形。从下往上看时，柱座正好与山花合二为一，相互对应，形成一个美观的整体。檐壁包含三根垂直的三角槽排档（triglyph）和刻有图案的排挡间饰（metopes）。额枋、檐壁和檐口组成柱顶（entablature）。柱顶平行于柱座，也平行于柱头顶板（abacus），视觉上起到平衡柱身的作用。柱身刻有一条条垂直于地面的凹槽（flutes），对应着三角槽排档。最后，柱头的卵形花边（echinus）与柱身的弧线也遥相呼应。总而言之，多立克柱式有一系列重复出现的垂直面和水平面，它们成为该柱式的风格特征，增强了建筑物的统一感。

尽管多立克柱式符合几何学原理，但以人为本仍是古希腊建筑的特点之一。远远望去，一根根粗壮的柱子撑起一块块水平的横梁，给人异常稳固和坚不可摧之感，带来了强烈的视觉震撼。与波斯和埃及的石柱不同，希腊的多立克柱式不为彰显王权，也不为炫耀法老的功勋与神威，只是为了平民和士兵而建。

此外，帕特农神庙的建筑细节也体现出设计者独特的匠心。从整体上看，神庙的形式和比例统一和谐，这是因为建筑师使用了一个建筑学小窍门：以中心微微上弯的弧线代替水平线。由于人的自然视觉倾向于把直线看成中心微微下弯的弧线，因此只需做一些小的改动就可以使直线看起来更加水平、美观。此外，希腊石柱略微向内倾斜，拐角处的石柱比正中心的石柱排列得更密集，从而给墙壁增添了一种框架的感觉。

除了室内有雅典娜祭祀雕像，帕特农神庙的外部还有四组群雕，共同组成了帕特农神庙雕塑群。它们赞扬人类的理性，表现希腊人的民族优越感。神庙的四个排挡间饰上刻有四块浮雕，浮雕的内容是古希腊的四场战争：特洛伊战争、亚马孙女战士之战、希腊众神与泰坦族之战，以及希腊人与人马兽之战。这四场战争都以希腊大获全胜而告终，因此被选为浮雕的内容，且被赋予了宗教与政治象征意义。特洛伊战争与亚马孙女战士之战象征着西方战胜了东方；希腊众神与泰坦族之战象征着文明人战胜了野蛮的食人族；希腊人与人马兽之战则象征着人类的理性战胜了兽性。帕特农神庙的内墙上也刻有浮雕（如今已遗失），描绘了雅典人民举办“泛雅典娜节游行”（Panathenaic Procession）的盛况。泛雅典娜节是雅典人为护城女神雅典娜庆生的节日，每四年举行一次，节日期间全城出动、万人空巷。

最后，我们讲讲多立克柱式的三角形山花。山花刻有以雅典娜为主题的圆雕，实际上并不属于多立克柱式的一部分。帕特农神庙西立面的山花圆雕描绘了雅典娜战胜海神波塞冬成为雅典城守护神的故事。雅典娜将橄榄树赠予雅典人，因此赢得了雅典人的拥护。神庙东立面的山花圆雕则讲述了雅典娜诞生的故事。雅典娜是众神之王宙斯的女儿，从宙斯的头部出生，也正因为如此，她是智慧的化身。雅典娜一出生即成年，她骁勇善战，一身戎装。

亚历山大大帝逝世于公元前 323 年，晚期古典主义于此时落幕。此后，古希腊艺术进入希腊化时代（the Hellenistic Period）。这时的艺术不再只追求理想的人类形态，而是更强调人类的多样性与不同。艺术品中的人物形象大多个性鲜明、姿势狂野、举止粗鲁，总之更具动态。艺术家不再只赞扬理想的人体，除了身材完美的年轻男子，老年人也可以成为艺术创作的对象，他们在艺术品中不再只是安静地站着或者坐着，而是挣扎着、蜷曲着、扭动着或者静止不动地放松着。

希腊化时代是古希腊文明的全盛期，希腊语和希腊文化渗透到整个地中海地区，同化着几乎所有其他的民族，这种影响一直持续到公元前 27 年。此后，罗马帝国兴起，希腊文明衰败，地中海地区的权力中心转移到了罗马。

罗马：从共和国到帝国

相传，罗马城由双胞胎兄弟罗慕路斯（Romulus）和雷穆斯（Remus）于公元前 753 年建立。罗慕路斯和雷穆斯是特洛伊英雄埃涅阿斯（Aeneas）的后代，埃涅阿斯是女神维纳斯的儿子。罗马城建立之前，意大利半岛由伊特鲁里亚人（Etruscan）统治，最高统治者是伊特鲁里亚国王。公元前 509 年，最后一任国王遭到驱逐，罗马的政体也从王国转变为共和国，最高权力机构是参议院，其成员是上层社会的男性公民。

公元前 31 年，恺撒大帝的养子屋大维（Octavian）掌权。此时，罗马已经征服了欧洲的大片疆域，但多年内战导致帝国政局不稳，国力有所下降。屋大维在动荡的时局中抓住了机会，于公元前 27 年称帝，称帝之后的屋大维改名为奥古斯都（Augustus）。在接下来的 400 年中，罗马帝国不断发展壮大，征服了北到英国、南到北非、西到西班牙、东到亚述等的大片领土。

伴随着帝国版图的扩张，人口迅速增长，罗马帝国开始大兴土木以容纳不断增长的人口。罗马建筑使用的材料非常广泛，有石头、砖瓦、混凝土和石灰华（travertine）① 等。罗马人借鉴古巴比伦建筑中的圆拱，用它建造各种类型的建筑，使其成为罗马式建筑的重要特征。他们修建了广场，用来召开公共集会，参议院的公告也时不时地在这里发布。广场中有大会堂，它一般被当作法庭或者商店。罗马人还修建了公共浴池，浴池是娱乐场所，供公民锻炼、洗澡、娱乐、社交或学习。高架渠也是罗马人的建筑物，它能远距离输送水源。

除此之外，集市、竞技场、乡间庄园、城市别墅、公寓大楼和神庙都是古罗马的特色建筑。古罗马竞技场以斗兽场为代表，它是举办体育比赛、马车竞赛、决斗赛和模拟海战的场所；乡间庄园是权贵阶层的住所；住城市别墅的居民一般是中产阶级上层；公寓大楼是中产阶级中下层和底层的住所。古罗马建筑的内部一般有雕

① 石灰华又名孔石，属于石灰石和大理石，一般是奶油色或淡红色，由温泉的方解石沉积而成。——编者注

塑、绘画和马赛克等装饰物，马赛克是以小块彩色石头拼成的地板和墙壁镶嵌画。

奥古斯都十分重视艺术，他慷慨地赞助艺术创作，尤其是建筑和雕塑。奥古斯都下令，艺术品要传达他的政治理念，显示他铁腕贤君的伟岸形象。奥古斯都统治时期的罗马建筑均以大理石为原材料，这在古希腊是不可想象的，因为大理石产量稀少且价格昂贵，是非常奢侈的建筑材料。奥古斯都下令在罗马的战神广场（Field of Mars）修建《和平祭坛》（*Ara Pacis*），庆祝罗马与高卢人（法国人的祖先）达成和平协议。

《第一门的奥古斯都像》（*Augustus of Prima Porta*，见图 20）是现存比较重要的奥古斯都雕像，它将奥古斯都这位帝王塑造成一位所向披靡的将军，被征服的人都臣服于他。就风格而言，这座雕像既体现出希腊的自然主义风格，又体现出全新的罗马式风格。奥古斯都和《掷铁饼者》中的运动员一样，活力十足又沉着冷静，身手矫健又姿态从容。他手持长矛，伸出右臂，指挥着罗马军团。奥古斯都的头颅呈球状，耳朵与面容的细节刻画生动，具有极强的个人特征。这与古希腊雕塑的表现手法既相似又不同，古希腊雕塑并不描绘具体的个人，而是描绘理想化的人类形态。

《掷铁饼者》中的运动员虽然动作优雅、身材比例完美，但他身份不明，观众无从得知运动员的性格。相比之下，奥古斯都的雕像表现出个人的性格特点，人物表情和心理状态要具体、生动得多，其雕刻细节还暗示着神话故事和历史典故，丰富了雕像的内容。例如，奥古斯都身披刻有大地之母和败将浮雕的盔甲，前者象征着罗马帝国的强大和富饶，后者映衬出奥古斯都和罗马军团的骁勇善战。奥古斯都右脚旁的小型丘比特雕像暗示着埃涅阿斯，因为埃涅阿斯和丘比特都是维纳斯的儿子，这一巧妙的设计是为了提示人们古罗马皇帝自称希腊诸神的后代。

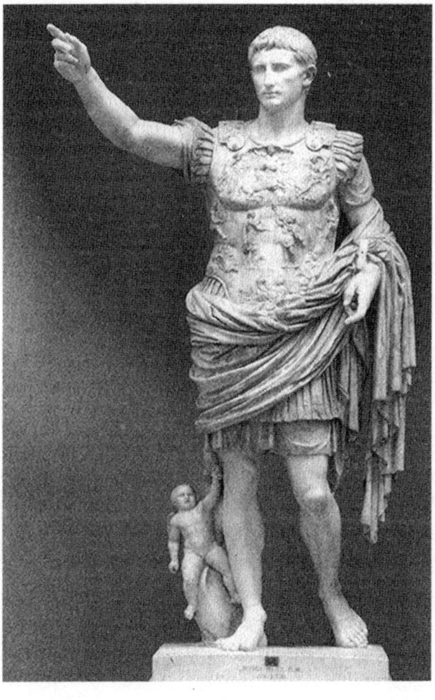

图 20

《第一门的奥古斯都像》，1 世纪早期，大理石，高 2.03 米，意大利罗马梵蒂冈博物馆。

罗马人创造出两种新型建筑物，它们既体现出罗马帝国的政治野心，也大大丰富了古典建筑的种类。第一种新型建筑物是独立柱。独立柱是一根巨型的大理石石柱，腰线刻有螺旋式上升的浮雕，描绘了帝国战争的获胜场面。第二种新型建筑物是凯旋门。凯旋门是长方形建筑物，圆拱大门不多于三个。某位将军或皇帝打了胜仗凯旋之时，必要经过凯旋门，这是一种炫耀战功的方式。

古罗马时期，一种全新的宗教诞生于帝国统治之下，那就是基督教。基督教的出现改变了历史的进程与文明的轨迹。33 年，耶稣被钉死在十字架上后，基督教的影响力不断扩大，逐渐在整个地中海地区兴盛起来。尽管罗马帝国对宗教信仰相对宽容，但还是有数位皇帝对基督教进行大规模的镇压，迫害基督徒，理由是基督徒拒称罗马皇帝为唯一的神。罗马帝国在持续了近 300 年的辉煌之后，由于基督徒势力不断庞大和暴乱频繁而日渐衰落。

306 年，罗马皇帝君士坦丁大帝为了巩固帝国在东方的统治，宣布拜占庭（现伊斯坦布尔）为帝国新的首都。拜占庭位于伊斯坦布尔海峡，地处欧洲和小亚细亚半岛之间，具有重要的军事战略意义。后来，君士坦丁大帝又将拜占庭改名为“君士坦丁堡”，以自己的名字命名新首都。313 年，君士坦丁大帝颁布《米兰敕令》(*Edict of Milan*)，宣布帝国境内信仰自由，这一举措意味着对基督教的宽容。

《米兰敕令》颁布之后，基督教教堂如雨后春笋般涌现。与古希腊罗马神庙不同的是，基督教教堂并不是供奉神像的场所，而是会众聚集的场所。因此，教堂必须足够大和宽敞，才能容纳所有的信徒。基督教教堂采用古罗马大会堂的建筑布局，以正厅（nave）、过道（side aisles）和后殿（apse）为基本组成部分，并在此之上增加耳堂（transept）。耳堂象征着耶稣受难的历史，正厅是会众聚集的场所，后殿中摆有祭坛。由于古罗马大会堂的后殿一般当法庭使用，因此教堂的后殿常常挂有《最后的审判》（*The Last Judgment*）一画。

君士坦丁大帝巨大的大理石头像（见图 21）和《第一门的奥古斯都像》相比，艺术风格有明显的差异。君士坦丁大帝的头像十分硕大，高达 2.59 米，面部表情和五官刻画得细腻、生动。君士坦丁大帝眉头紧皱，神态审慎疏离。而奥古斯都则截然相反，他意气风发，势不可当，正对着士兵发号施令。奥古斯都是罗马军团的最高将领，权倾一世，无人可敌，正如《第一门的奥古斯都像》所表现的那样。可以说，《第一门的奥古斯都像》既洋溢着写实主义的风格，又体现出古典主义的风格，在表现理想的人类形态的同时也刻画出了人物的心理细节。

奥古斯都像与君士坦丁大帝头像的艺术风格差异反映出罗马帝国在不同时期的兴衰。罗马帝国的中后期，统治集团开始瓦解，社会分崩离析。我们可以推测，君士坦丁大帝顶着巨大的心理压力，迫切希望进行改革，在意识形态上不断强调自己和皇权统治的神圣性。尽管君士坦丁大帝做出诸多努力，但在他之后的 100 年内，罗马帝国还是灭亡了。476 年，罗马城被来自西欧日耳曼民族的哥特人（Goths）洗劫一空，罗马帝国正式落幕。

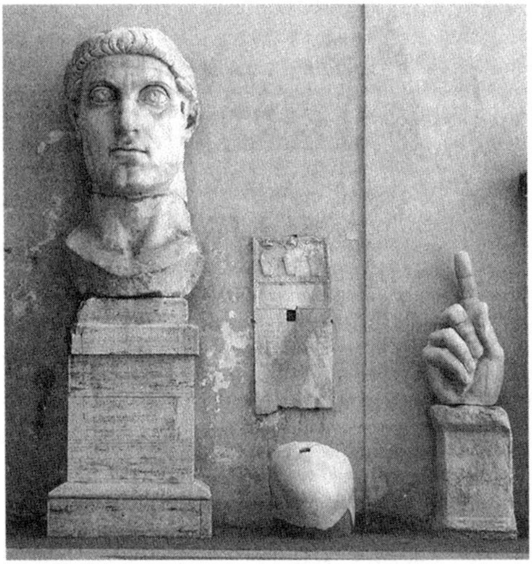

图 21

君士坦丁大帝大理石雕像遗迹，313 年，现位于意大利罗马保守宫（Plazzo dei Conservatori）。

拜占庭风格：权力、神性与象征主义

西罗马帝国衰落之后，信仰基督教的东罗马帝国崛起。艺术术语“拜占庭风格”（Byzantine）一词源自东罗马帝国的首都拜占庭（Byzantium），是指流行于 5 世纪东罗马帝国的艺术风格。拜占庭风格艺术不同于古罗马艺术或早期基督教艺术，它不提倡写实主义，而是强调艺术的神性和宗教寓意，这意味着艺术家表现画面空间和刻画人物的方式有所不同。例如，拜占庭风格的马赛克一般使用彩色瓷砖，而罗马式马赛克则使用鹅卵石。

我们以《查士丁尼及其随从》（*Justinian and His Court*，见图 22）为例来阐述拜占庭风格的特点。《查士丁尼及其随从》是意大利拉韦纳（Ravenna）圣维塔莱教堂（Church of San Vitale）后殿墙壁上的一幅拜占庭风格的马赛克镶嵌画。画中人物站在平坦的空间内，以正面面向观众，身后是金色的背景。与《掷铁饼者》不同的是，画中人物没有明显的肢体动作，行动非常拘谨，仿佛被禁锢在一个封闭的空间之中，与《第一门的奥古斯都像》形成鲜明对比。当观众看向这幅画时，仿佛可以与画中人物直接对话。站在画面正中间的是查士丁尼，他是 6 世纪拜占庭帝国的皇帝。

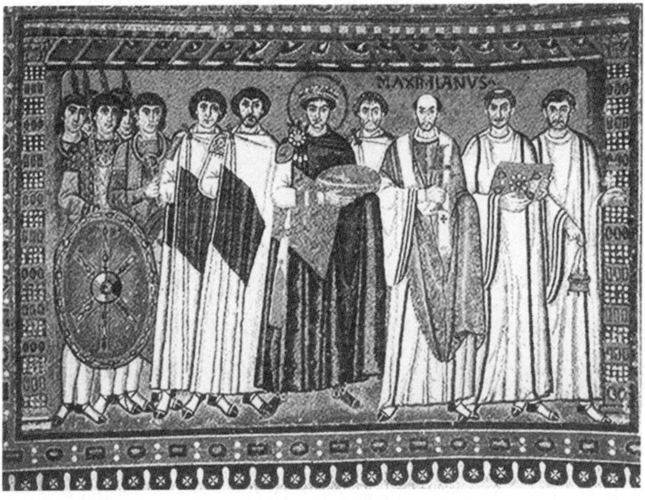

图 22

《查士丁尼及其随从》，马赛克镶嵌画，约 547 年，意大利拉韦纳圣维塔莱教堂后殿。

仔细观察，我们会发现查士丁尼是画面所有人物中最高大的一位，且居于中心，这突出了他的地位。查士丁尼的打扮和其他人明显不同：头戴皇冠，身穿紫衣，头顶还有一束光环。在古罗马时代，紫色象征着帝王，只有皇帝才有权使用。几位身着白袍的牧师站在查士丁尼的两侧，象征着皇权得到教会的支持。画面最左边是一群士兵，他们手持着画有凯乐符号（the Chi Rho sign）的盾牌。凯乐符号是君士坦丁大帝的护身符，被广泛用在盾牌上。查士丁尼效仿君士坦丁大帝使用凯乐符号，目的是将自己比作君士坦丁大帝和耶稣基督，强调自己统治的神圣性。此外，《查士丁尼及其随从》的画框镶有大量珠宝，表现了查士丁尼的财富如同他的政治、军事和宗教权力一般无人能敌。

中世纪艺术与大教堂时代

拜占庭帝国灭亡之后，西欧出现了新的艺术形式。中世纪始于7世纪，在欧洲各地一直持续到15世纪。在此期间，建筑的主要形式是基督教教堂和修道院。修道院的缮写室是修女和修道士抄写《圣经》的地方，他们将文本抄写完毕之后再配以精美的插图，制作出一本本插画手抄本。插画手抄本以艺术美化上帝之言，内含精美的书法、生动的插画和抽象的细节设计。祭坛装饰品分为祭坛画和祭坛雕塑，主题为描绘基督教活动。

因为信仰伊斯兰教的人迁入欧洲多年，所以欧洲艺术融入了伊斯兰元素，如西班牙的清真寺和伊斯兰式编织图案，后者在拜占庭时期和欧洲中世纪时期被广泛使用。

西班牙科尔多瓦（Córdoba）的清真寺始建于786年，直到987年才最终竣工。清真寺的内部设计匠心独运，每两个半圆拱由一个石柱支撑。远远望去，一个个连起来的半圆拱好像大海的波浪一般产生流动的视觉效果，增添了建筑物的审美情趣。圆顶的天花板饰有几何图形的马赛克镶嵌画，画风绚烂绮丽。清真寺内部还有一处“米哈拉布”（mirhab），这是一种指向“基卜拉”（qibla）的壁龛，基卜拉指麦加的克尔白所在方位。米哈拉布贴有马赛克，图案内容与天花板一样均属于伊斯兰风格。1492年，统治者被逐出西班牙。不幸的是，清真寺在此期间遭到了损毁，取而代之的是一座基督教教堂。

欧洲中世纪的教堂数量迅速增长，已经式微的雕塑艺术再度流行起来。1000年左右，欧洲流行修建大教堂。大教堂以罗马式圆拱为基本特征，因此后世称这些大教堂为罗马式大教堂。罗马式大教堂是朝圣者的必到之处，其墙壁一般十分厚实，内部光线晦暗，外部饰以浮雕，入口处摆放着与《最后的审判》有关的艺术品。

罗马式风格建筑的流行与欧洲经济的上升期和繁荣期并存，而欧洲经济的发展建立在等级森严、阶级分化的封建制度基础上。到了12世纪，罗马式风格开始演变成哥特式风格。哥特式建筑以高耸的石制大教堂为代表，在整个欧洲的城镇均可见，法国亚眠大教堂（Amiens Cathedral，见图 23）是哥特式建筑的杰作之一。

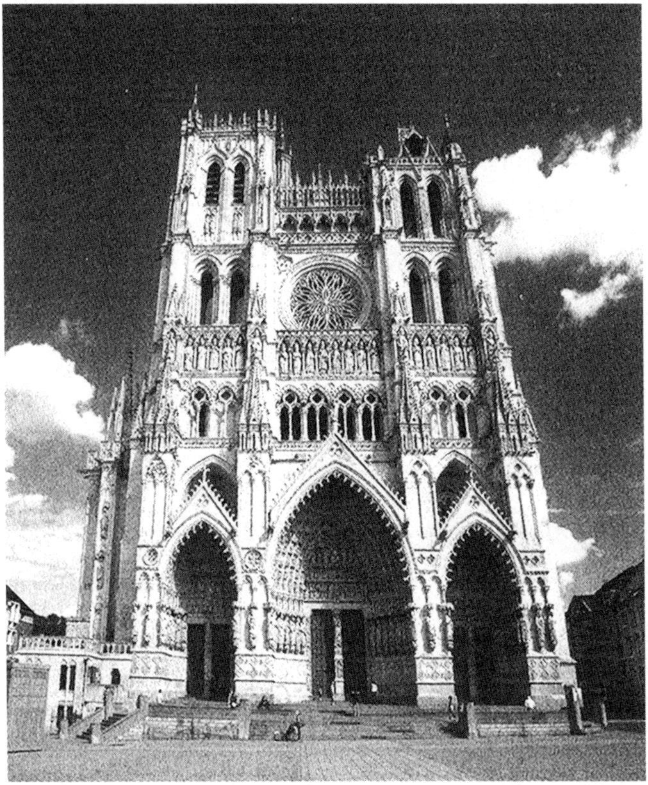

图 23

亚眠大教堂正面，1220—1240 年，法国亚眠。

根据天主教等级制度，大教堂要比教区教堂和修道院大得多，因为大教堂是主教的居所。亚眠大教堂的塔楼瘦削陡峭、高耸入云，人们走近时会不禁抬起头仰望塔尖，仿佛与塔尖一起直飞天空。哥特式大教堂与罗马式大教堂有着显著的区别：罗马式大教堂以圆拱为建筑特色，扶壁位于教堂的墙壁内侧；哥特式大教堂以加强立面垂直性的尖顶和墙壁之外的飞扶壁①为建筑特色，飞扶壁支撑着教堂不断升高。

装饰哥特式大教堂外观的是许多圣徒和殉道者的雕像，以及《圣经》中的人物和事件。亚眠大教堂的两扇中心门之间有一块石板，上面雕有著名的《美丽上帝》（*Beautiful God*，见图 24）：上帝站在一个石冠之下，面向观众，举起右手做出表示教诲的手势，左手拿着一本书，暗指《圣经》；他的脚下有两个代表邪恶力量的小怪物，它们被上帝踩在脚底，象征着恶魔撒旦被上帝打败。就艺术风格而言，这座雕像生动、细腻：上帝衣袍上的褶皱刻画得十分逼真，比《查士丁尼及其随从》中人物的衣物要细腻得多。总而言之，哥特式艺术风格不同于拜占庭式或罗马式艺术风格，它既保留了基督教艺术的神性和象征主义，也开始朝自然主义的方向发展。

① 一种起支撑作用的建筑结构部件，凌空跨越下层附属空间（如走道、祈祷室等）连接到顶部高墙上肋架券的起脚部位，用于平衡肋架拱顶对墙面的侧向推力。——编者注

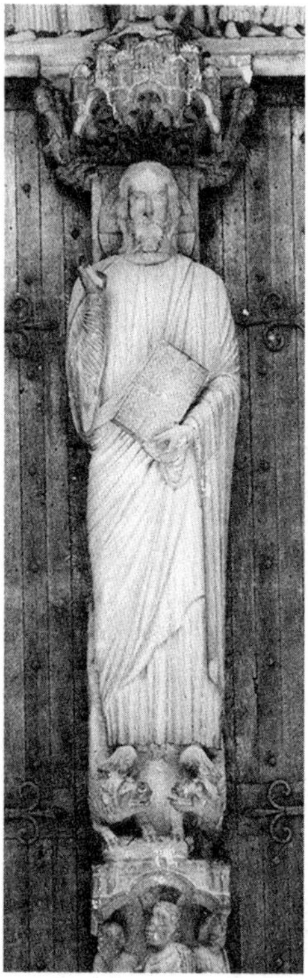

图 24

《美丽上帝》，石板雕像，亚眠大教堂西立面，1225—1230 年，法国亚眠。

与罗马式大教堂相比，哥特式艺术家对雕塑装饰进行了发挥，增加了窗户的空间，这反映在彩色玻璃的频繁出现。中世纪时期，大部分民众都不识字，教会和牧师传播福音、讲述《圣经》故事需要采用直观易懂和生动形象的方式。于是，彩色玻璃替代了文字，以图画的形式讲述一段段《圣经》故事、基督教传说、圣人与烈士的殉难历史。

亚眠大教堂堪称教堂建筑的典范，它的正面是耶稣像和别出心裁的装饰设计，中间门的上方有一扇巨大的圆形玫瑰窗。如果阳光好的话，玫瑰窗在吸收自然光后会折射出美丽的七色光。不过，不幸的是，亚眠小镇在第二次世界大战期间遭到轰炸，教堂的玫瑰窗如今已不复存在。但幸好，其余哥特式大教堂的玫瑰窗都幸免于难。图 25 中的玫瑰窗在沙特尔大教堂的北面，该教堂位于巴黎西南部。

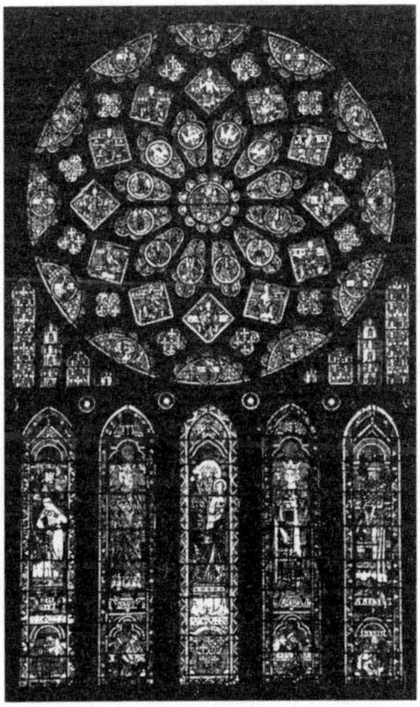

图 25

沙特尔大教堂北耳堂的玫瑰窗，13 世纪，法国沙特尔。

从神性到人文主义：意大利与北欧的文艺复兴

人文主义始于中世纪末的意大利。意大利人文主义拒绝以传统的宗教方式看待人类与世界，并复兴古希腊和古罗马的语言、艺术和文化。文艺复兴初期，艺术题材和内容仍局限于基督教，但裸体雕像开始流行。随着人文主义的深入，艺术也愈加世俗化。在绘画方面，1400 年前后出现的透视画法改变了绘画空间的表达方式。在雕塑方面，人物雕像的肢体语言更舒展，动作幅度更大。在建筑方面，以圆拱为特征的罗马式建筑再度流行起来。文艺复兴时期的建筑不再追求高耸入云的视觉效果，而是更注重建筑物和人的关系，以人体作为建筑物高度的参考。此外，透明玻璃开始受到青睐，彩色玻璃不再是主流选择，因为透明玻璃被认为能让建筑物的采光更真实、自然，这反映了人们对自然现实的新兴趣。

文艺复兴时期，人文主义的画家们开始描绘古希腊和古罗马神话中的人物。1480 年，波提切利（Botticelli）创作完成《维纳斯的诞生》（*Birth of Venus*，见图 26）。画中的维纳斯是一位裸女，她诞生于大海之中，脚踩硕大的贝壳，被海浪护送上岸。左边的风神吹了一口气，维纳斯的身体微微前倾；右边的女人手持粉色长袍等待着维纳斯的到来。《维纳斯的诞生》和《查士丁尼及其随从》相比，艺术风格有明显的不同。《查士丁尼及其随从》以金色为背景，画面空间非常狭窄。《维纳斯的诞生》以自然风光为背景，放眼望去是一望无垠的大海。此外，自然主义是人文主义艺术的重要特征，在文艺复兴时期的作品中多有体现。《查士丁尼及其随从》的人物轮廓整洁清晰，没有多余的笔触；而维纳斯的身体边缘处有阴影，颜色是渐变的，这种绘画技巧是 15 世纪于意大利发展起来的“明暗对比法”，这样使人物看起来更加圆润、立体。

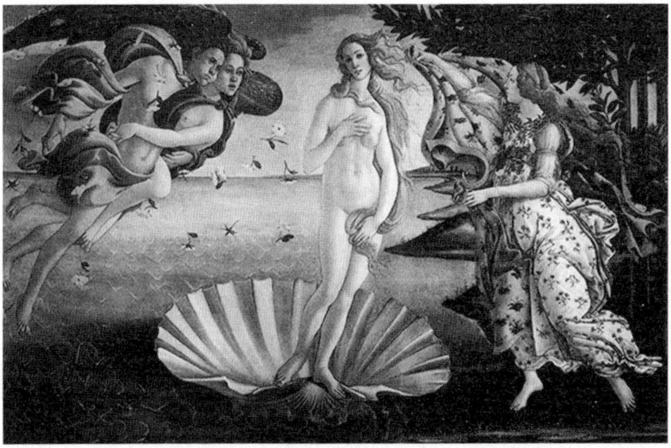

图 26

波提切利，《维纳斯的诞生》，约 1480 年，蛋彩画，1.73 米 ×2.77 米，意大利佛罗伦萨乌菲兹美术馆。

知识拓展

人文主义运动

人文主义运动始于 14 世纪的意大利，标志着人们重新关注古希腊和古罗马的文化艺术，这也是文艺复兴的主要内容。文艺复兴持续了近 3 个世纪，从意大利开始蔓延到北欧，直到 16 世纪才淡出历史舞台。文艺复兴伊始，人们翻译并研读古希腊和古罗马时期的典籍。

此时的西欧从封建主义发展到重商主义，富商巨贾家族开始出现，尤以佛罗伦萨的美第奇家族为代表。发展艺术离不开资金赞助，美第奇家族源源不断地赞助着艺术家的创作，为佛罗伦萨的艺术事业做了巨大的贡献。文艺复兴前后，欧洲平民的识字率大大提高，艺术家与女性的社会地位也有所提升。这一切都使文艺复兴成为历史趋势。

古希腊人认为人是宇宙的中心，导致古希腊艺术赞美人类的胴体、探究人性。意大利的一些城市和地区还效仿古希腊和古罗马的政府模式，如佛罗伦萨。15 世纪末 16 世纪初，欧洲的探险家开始远渡重洋，全球性的探索开启了地理大发现。例如，1492 年，哥伦布在西班牙王室的赞助之下踏上了寻找印度的航行，这次航行最终以发现美洲新大陆而闻名于世。

《大卫》（见图 27）是人文主义艺术的杰作，也是米开朗琪罗的代表作。《大卫》雕像创作于 1501—1504 年，创作的初衷是献给佛罗伦萨大教堂，最后却被放置在佛罗伦萨旧宫（Palazzo Vecchio）的门口，这其中还颇有典故。大卫是《圣经》中的人物，基督徒认为大卫是耶稣的先驱，大卫战胜巨人哥利亚（Goliath）象征着耶稣战胜恶魔撒旦。在 16 世纪的佛罗伦萨，大卫还有一种政治寓意：他代表佛罗伦萨共和制政府，象征着反对君主专制、追求自由民主的思想。佛罗伦萨市政当局为了表达政治立场，最终决定将《大卫》放置在市政厅门口。

观察《大卫》，我们发现这是一位神色紧张、十分警惕的男子。

他手持石头与弹弓，似乎随时要与哥利亚决一死战。《大卫》是一件自然主义风格的作品，人物右腿后的树桩暗示着作品与古希腊雕塑的渊源。总之，虽然大卫是宗教人物，但《大卫》的裸体造型却体现出古希腊艺术的人文主义。

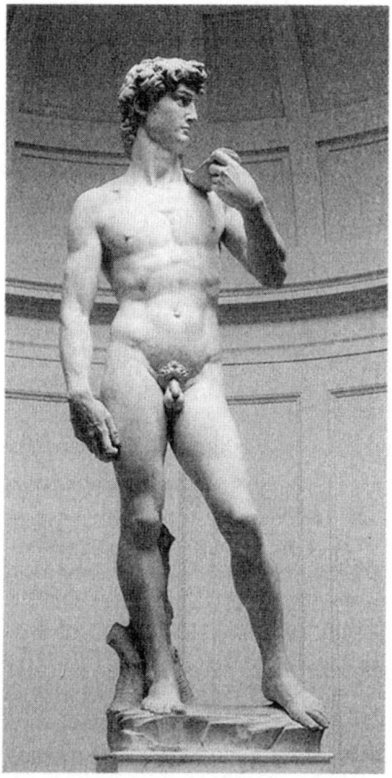

图 27

米开朗琪罗，《大卫》，1501—1504 年，大理石，高 4.09 米，意大利佛罗伦萨阿卡德米亚美术馆（Galleria dell' Accademia）。

意大利威尼斯是一座水城，水城的独特性赋予这座城市与众不同的艺术风格。文艺复兴时期，威尼斯的艺术风格与意大利其他地区的艺术风格截然不同，主要有四个突出的特点：一是绘画人物圆润丰腴，尤其是 15 世纪和 16 世纪的绘画；二是人物比例不遵循古典主义原则，有别于流行于罗马、佛罗伦萨地区的风格；三是偏好使用浓郁的色彩；四是强调画面的纹理。这些特质在威尼斯的代表性艺术家提香（Titian）的作品中尤为突出。提香笔下的人物都沐浴在柔和的阳光之中，充满了感官的诱惑。和其他人文主义画家一样，提香大量创作以神话故事、基督教寓言、历史和基督教人物为主题的绘画，且终生坚持创作，直到以 90 多岁的高龄去世。他以卓越的艺术才华独领风骚近一个世纪，是威尼斯文艺复兴时期的领军人物。

知识拓展

宗教改革

意大利文艺复兴在 16 世纪初达到顶峰，随之而来的宗教和政治改革开始在北欧发酵。1517 年，德国奥古斯丁修会会士马丁·路德（Martin Luther）公开反对教会出售赎罪券的做法。教会称，如果教徒购买这种券，就能大大缩短死后在炼狱等待的时间。据说，为了反对教会兜售赎罪券，马丁·路德将著名的《九十五条论纲》（*Ninety-five Theses*）贴在了萨克森州维滕贝格（Wittenberg，Saxony）诸圣堂的大门上。《九十五条论纲》指控教会腐败，反对发放赎罪券，反对天主教“神职人员必须禁欲”的教规，要求回归到简单的《圣经》教义。

马丁·路德的宗教改革运动引起天主教会的强烈不满和疯狂镇压，这给整个欧洲社会带来了动荡和混乱。北欧的许多国家和地区纷纷宣布废除天主教会，成为新教国家，如英国、荷兰、斯堪的纳维亚半岛、瑞士、德国北部和西部诸省。南欧诸国则仍然是天主教国家，如德国南部、意大利、西班牙、法国和佛兰德（Flanders）。1520 年，马丁·路德因与修女结婚而被教会除名。

为了对抗宗教改革，天主教会采取“反宗教改革”的政策以应对宗教改革后出现的社会新局面。反宗教改革反对分裂、反对暴力，旨在维护天主教传统。1545—1563 年，天主教会在意大利特伦托（Trent）召开三次大公会议，重新定义正统，并对艺术品强加一定的规则：书籍被禁，视觉艺术要体现宗教内涵，如突出耶稣受难的主题、赞扬基督教殉道者。天主教反对人文主义，认为艺术是感性、神秘的，而不是理性的，要求艺术创作遵守教会的一切规定。大公会议之后，宗教裁判所（13 世纪建立的审判异端案件的宗教机构）的权力迅速扩张，更多的异议人士或被施以刑罚，或被草草处决。

天主教会反对科学，否定天文学的发现。许多早期的天文学家（如伽利略）由于怀疑“地心说”理论而受到教会的严厉迫害，或被开除教籍，或被软禁，或被处以极刑。随着知识的进步，更多的科学家坚持“日心说”理论，认为太阳是太阳系的中心，地球和其他行星围绕太阳旋转。和科学家一样，艺术家也遭到教会的迫害，正因为如此，西方历史上一些重要的艺术品都曾在宗教审判官的要求下受到威胁或修改（详见第 6 章）。

在经历了宗教改革和天主教改革运动之后，人文主义成功站稳脚跟并从意大利向北蔓延。北欧与意大利一样有着发达的商业传统和日渐壮大的商业阶层。在喜好上，虽然荷兰人与意大利人略有不同，但两个国家的人民都热爱大自然，热衷古希腊和古罗马的文化与艺术。荷兰画家老彼得·勃鲁盖尔（Pieter Bruegel the Elder）于1565年创作了6幅描绘四季之景与乡间生活的油画，其中一幅名为《收割者》（*The Harvesters*，见图28）的油画描绘了夏末时分农民劳作、休息、娱乐和吃喝的场景。它以黄色为主色调，氛围祥和、温馨。最前方是成排的麦田和劳作的农民，画面视角从中间开始骤降，观众的视线被送到远方的自然景色、大海和地平线上。

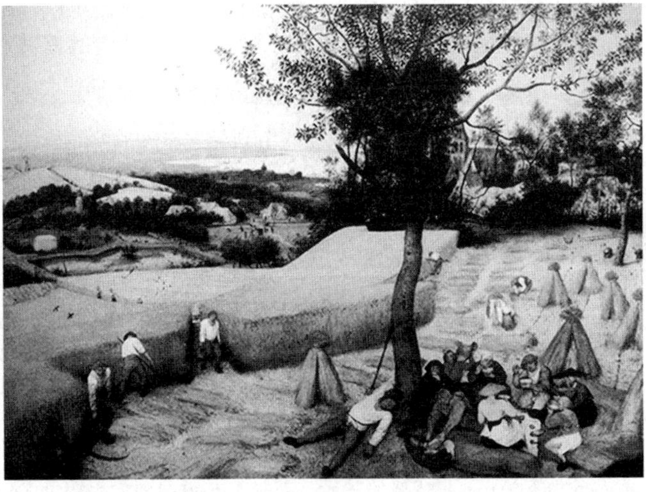

图 28

老彼得·勃鲁盖尔，《收割者》，1565年，木板油画，1.18米×1.61米，美国纽约大都会艺术博物馆。

17世纪的巴洛克风格

在17世纪的天主教国家，反宗教改革的影响可从教会委托创作的艺术品中看到，其中的代表作是吉安·洛伦佐·贝尔尼尼（Gian Lorenzo Bernini）的《圣朗基努斯》（*Saintt Longinus*，见图29），该雕像现存于罗马圣彼得大教堂。朗基努斯原是一名罗马士兵，耶稣被钉在十字架上时，朗基努斯用长枪刺穿了耶稣的肋部。当耶稣的血液滴入朗基努斯的眼睛时，他瞬间被感化，皈依了基督教。

《圣朗基努斯》描绘的就是皈依之时的情景：朗基努斯斜向展开双臂，抬头看向圣彼得大教堂的穹顶，站姿与耶稣被钉在十字架上的站姿相似。朗基努斯右手握枪，罗马头盔则被遗弃在左脚旁，这象征他与异端决裂的信心。朗基努斯的衣袍上有深深的、颤动的褶皱，头发和胡须凌乱不堪，手臂的肌肉线条紧绷着，这一切都表现出朗基努斯皈依之时内心的激动和不安。总而言之，贝尔尼尼的《圣朗基努斯》生动地刻画出人物的心理活动，再加上朗基努斯神秘而感化人的特质具有巴洛克艺术的特点，也完全符合特伦托大公会议对艺术的要求。

尽管特伦托大公会议对艺术创作提出了诸多要求和限制，天主教国家的艺术还是日益蓬勃地发展起来。皇室赞助是艺术兴盛的主要原因，皇家宫殿成为艺术活动的中心，如法国国王路易十四的凡尔赛宫和西班牙国王菲利普四世的王宫。这些国王是受神权统治的绝对君主，他们委托创作以宗教和神话故事为主题的艺术品。此外，为君主创作的肖像作品还要展示他们的政治权力、审美品位以及对宗教的虔诚。

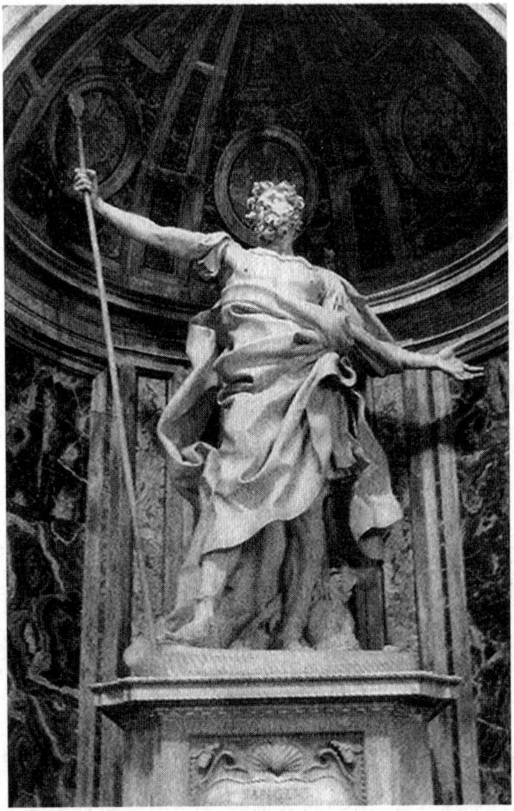

图 29

吉安·洛伦佐·贝尔尼尼，《圣朗基努斯》，1635—1638 年，大理石，高约 4.40 米，意大利罗马圣彼得大教堂。

在巴洛克时期，新教国家大量创作以世俗生活为题材的艺术品。以宗教为题材的艺术品越来越少，要么是艺术家的个人喜好，要么是艺术家受人委托而作。新教不主张奢华，教堂装饰简朴，因此宗教题材的绘画受到了冷落。在荷兰，最具代表性的巴洛克风格画家是伦勃朗，他的作品常以自然风景、希腊或罗马神话故事和基督教故事为题材。但伦勃朗最擅长画的是私人赞助或官方机构委托的个人或集体肖像，同时，他从年轻时就开始画自画像，这个习惯贯穿他的一生，直到他逝世。自画像是伦勃朗用画笔写的自传，完整记录了他从年轻到衰老的全过程，今天的观众因此得以欣赏伦勃朗从年少到暮年每个阶段的容貌。伦勃朗的自我观察也间接体现出荷兰人的科学主义精神。

此外，伦勃朗的艺术成就还有蚀刻画，这是一种纹理细腻、明暗对比柔和的铜板印刷画。在《双手叉腰、戴着帽子的自画像》（*Self-Portrait with Hat and Hand on Hip*，见图 30）中，伦勃朗只有 20 多岁，那时他刚从老家莱顿搬到阿姆斯特丹。画中的伦勃朗自信大方，轻松愉快，衣冠楚楚，看起来似乎生活无忧。他身旁有一圈光芒，这是蚀刻画的特色，起到突出人物的作用。伦勃朗只露了半张脸，眼睛深陷，神情却有些肃然，像一位正在崛起但前途未卜的艺术家。他头戴一顶软帽，弯弯的帽檐压过额头，划出一道漂亮的流线，增添了画面的空间动感，符合巴洛克艺术富丽潇洒的风格，体现出伦勃朗作为艺术家的优渥雅致与轻松自在。

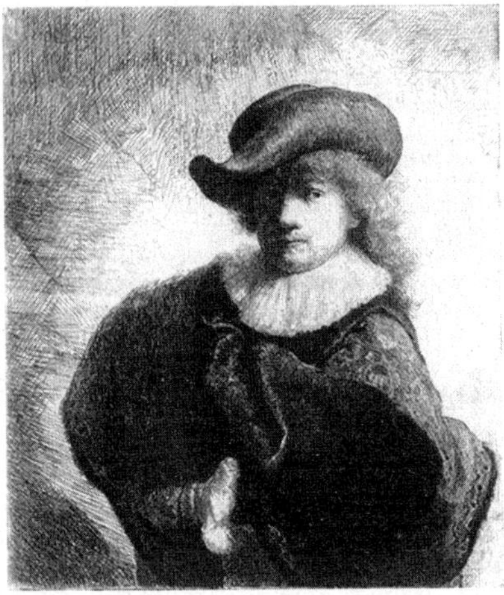

图 30

伦勃朗，《双手叉腰、戴着帽子的自画像》，1631—1633 年，蚀刻画，14.7 厘米 ×10.4 厘米，荷兰阿姆斯特丹国立博物馆。

知识拓展

蚀刻

蚀刻是利用同一块铜板制作多幅图像的印刷技术。艺术家制作蚀刻画时，首先在铜板上覆盖一层耐酸性物质并用笔在上面作画；然后将铜板置于酸性溶液中，这样溶液就会腐蚀掉触笔画过的内容；最后再将铜板上残留的耐酸性物质擦去并涂油墨，这样就可以在纸张上印刷了。蚀刻画带给观众一种充满活力的动感，代表作有伦勃朗的自画像。通常，画中人物的衣物边缘较模糊，这使布料看起来非常柔软。同时，蚀刻画的流畅性也使人物看起来欢快愉悦。

18 世纪的启蒙时代

欧洲社会在巴洛克时期之后的近一个世纪中发生了翻天覆地的变化，这些变化反映在艺术风格和赞助来源上。18 世纪，工业化的来临为社会上的大部分人开辟了新的发展道路，知识分子开始思考如何改善工人的生活。在这种背景之下，启蒙主义诞生，它提倡关心人权和社会进步，相信科学和民主，导致 18 世纪的欧洲也被称作“启蒙时代”。在艺术领域，复古的浪潮袭来，哥特式大教堂再度流行，描绘日常生活与民生百态的写实主义艺术首次出现。庞贝古城与赫库兰尼姆古城（Herculaneum）是 18 世纪最重要的两项考古发现，这两座千年古城让古希腊和古罗马文化再度复兴。

启蒙运动时期，艺术赞助出现了新的方式。皇家宫殿不再是艺术中心，取而代之的是艺术沙龙。艺术沙龙通常由上流社会的富有女性在私人住宅举办，是艺术家、科学家、哲学家、作家和知识分子的舞台，他们在沙龙中聚会、社交、讨论艺术、交流思想并寻求资金赞助。艺术沙龙的出现大大促进了艺术、科学与文化的进步。这一时期，法国巴黎是艺术沙龙的主要阵地。由于反对传统君主专制的呼声日益高涨，越来越多的民众对社会变革产生了热情，并在两场革命战争中达到高峰。一场发生在 1776 年的美国，另一场发生在 1789 年的法国。两大洲的革命情绪都受到了雅典民主制和罗马共和制的鼓舞，反对君权神授。

在法国兴起的新古典主义体现出启蒙主义者追求民主、反对专制的革命激情。雅克·路易·大卫（Jacques-Louis David）的油画《荷拉斯兄弟之誓》（*Oath of the Horatii*，见图 31）被视为法国大革命的序言。《荷拉斯兄弟之誓》以古希腊和古罗马为题材，形式整洁明朗，体现了新古典主义的特点。颇具讽刺意味的是，这部作品是由法国国王路易十六委托创作的。1793 年，这位不受欢迎的国王被送上了断头台。

《荷拉斯兄弟之誓》取材于 17 世纪法国作家高乃依的戏剧，讲述了古罗马的传说。罗马与邻国发生了战争。为了避免大规模的流血厮杀，双方决定各选三名勇士进行格斗，以格斗的胜败来决定城邦的统治权归属问题。在这场格斗中，罗马人选出了荷拉斯三兄弟与敌人决一死战。老荷拉斯将武器分发给三兄弟，三兄弟伸出右手向宝剑宣誓。画的右侧是三勇士的母亲、妻儿和姐妹，她们泣不成声，心如刀绞，担心失去亲人。该作品对古典的复兴体现在人物的罗马式服装、三兄弟的姿势和他们所处的建筑中。三兄弟的姿势构成了坚固的金字塔形状，蕴含了一系列有力的对角线。其所处的建筑是一个清晰的三维空间，由三个圆拱和石柱构成，象征着凯旋门和多立克柱式。

新古典主义一直流行到 19 世纪，并受到拿破仑的喜爱。拿破仑最初靠大革命上台，但在掌权后很快就走向了君主专制。1804 年，拿破仑称帝。在他的指导之下，新古典主义艺术沦落为炫耀王权的工具。巴黎旺多姆广场中央的青铜纪念柱是这一时期艺术的代表，修建纪念柱的目的是炫耀法国人战胜了普鲁士人。纪念柱模仿古罗马石柱，但并不以大理石为材料，而是使用青铜，青铜来自战争中法军所缴械的武器。另外，拿破仑还改变了凯旋门的样式。1806年，拿破仑下令修建的巴黎凯旋门建成，就像青铜纪念柱一样，是为了表明他与罗马皇帝身份的合法性。凯旋门的主题一直存在于西方意识中，如伦敦的大理石拱门和纽约的华盛顿广场。

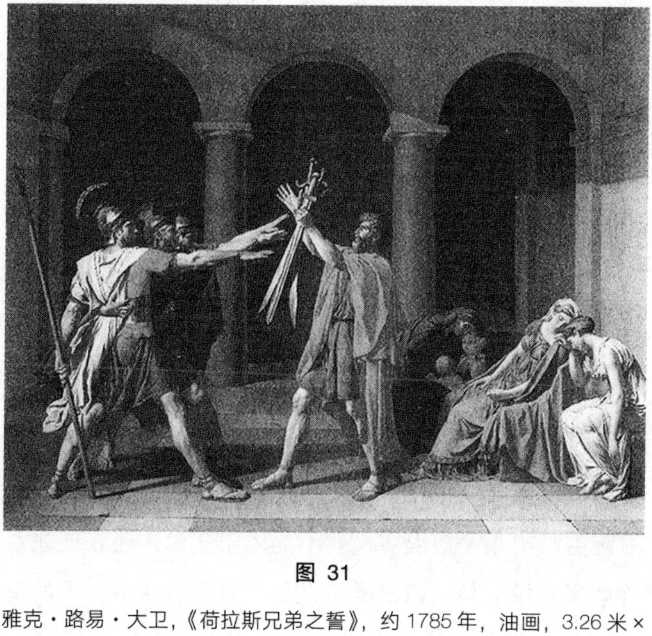

图 31

雅克·路易·大卫，《荷拉斯兄弟之誓》，约1785年，油画，3.26米×4.27米，法国巴黎卢浮宫。

18世纪晚期，美洲殖民地的人民反对英王乔治三世的专制统治，试图效仿古希腊和古罗马的政治体制。美国宪法的主要起草者之一是托马斯·杰弗逊（Thomas Jefferson）。杰弗逊是建筑师出身，偏爱古希腊和古罗马的建筑风格，在美国大力推广联邦式建筑，即美国版的新古典主义建筑。早在担任驻法大使期间，杰弗逊就开始收集新古典主义雕塑，并多次前往罗马参观古罗马遗址。杰弗逊名下的建筑，尤其是位于美国弗吉尼亚州夏洛茨维尔（Charlottesville）的蒙蒂塞洛庄园（Monticello）、弗吉尼亚大学的圆形大厅（the Rotunda）和其他建筑，以及位于里士满（Richmond）的弗吉尼亚州议会大厦，都受到了古希腊和古罗马建筑的影响。

19 世纪：风格主义的盛行

19 世纪的巴黎是西方世界的中心，这种地位持续了近一个世纪。可以说，19 世纪的巴黎是西方艺术、政治和社交的中心。法国文化丰富而多元，这表现为艺术风格的广泛、多变。每一代新的艺术家都试图创造更加新颖的艺术，新旧艺术之争十分激烈，社会思潮亦随之风起云涌。

继西欧和美国的新古典主义之后，18 世纪末到 19 世纪中叶，浪漫主义出现。浪漫主义并不局限于艺术，还表现在音乐和文学等诸多领域。与其说浪漫主义是一种艺术风格，不如说它是一种全新的哲学观和审美品位。浪漫主义欣赏怀旧风格，欣赏充满格调的自然景观，对遥远的异国他乡有无限畅想。东方主义（Orientalism）是浪漫主义的重要内容。东方主义艺术家大胆使用北非和亚洲的艺术元素，展现美丽而迷幻的异国风情，代表作有《大宫女》，以阿拉伯建筑或以摩尔人、宫女为主题的绘画带来了启发。

在政治上，浪漫主义强调个人选择，主张自由。法国画家欧仁·德拉克洛瓦（Eugène Delacroix）的《自由领导人民》（*Liberty Leading the People*，见图 32）被认为是浪漫主义艺术的高峰。1789 年，法国爆发大革命之后，封建王朝一度复辟。反对君主专制的革命党人于 1830 年 7 月策划了一场新的暴力革命，史称七月革命。这个历史事件被《自由领导人民》记录了下来，画中的革命者来自社会各个阶层，他们高举自由的旗帜，反对暴政。画面中央是自由女神，她并不是一位真实的女性，而是寓言般的人物，她的部分身体裸露在外，手中高举红白蓝三色旗，号召民众投身革命之中。对比画面人物和背景，我们会发现两者有明显的反差：画面背景是弥漫着硝烟的天空，远处的天际线透过烟雾若隐若现；而画面中的每个人物都有清晰的轮廓，五官细节刻画得很生动。这种反差创造出独特的画面动感。

浪漫主义批判奴隶制度，力求社会公正，这反映在浪漫主义艺术之中。1840 年，英国画家透纳在伦敦展出作品《贩奴船》（*Slave Ship*）。这是一幅反对奴隶制度的杰作，画面背景是一片汹涌澎湃的大海，浪花在旭日的照耀下格外刺眼。当贩奴船渐渐远去，海上留下一具具被遗弃的尸体。画家将触目惊心的现实与大自然融为一体，表达了对奴隶制度的有力控诉。可以说，《贩奴船》不仅是浪漫主义杰作，更是充满感情的人权宣言。

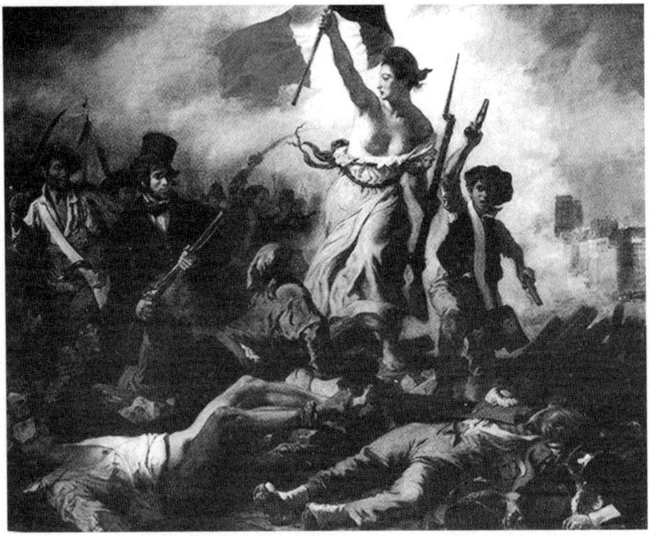

图 32

欧仁·德拉克洛瓦，《自由领导人民》，1830 年，布面油画，2.59 米 × 3.23 米，法国巴黎卢浮宫。

19 世纪中叶，现实主义（Realism）逐渐成为艺术界的主流，它以写实的手法观察并描述日常生活，讲述社会事件，呼吁社会变革。1853 年，日本爆发黑船事件。此后，日本打开国门，开始与各国开展贸易。以浮世绘为代表的日本文化艺术在欧洲流行起来。

知识拓展

江户时代和浮世绘艺术

日本在 1853 年的黑船事件后被迫打开国门，开始与欧洲和美国通商。因此，欧洲艺术界得以接触流行于日本江户时代（1600—1868）的浮世绘。浮世绘是一种彩色印刷木板画。先由画师作画，再由雕师刻板，最后由刷师按照画面不同的色彩分别拓印成画。浮世绘的主要体裁是戏剧、音乐、舞蹈，内容多表现色情，这与 19 世纪欧洲的艺术审美趣味不谋而合。许多欧洲艺术家纷纷收藏浮世绘作品，积极借鉴浮世绘的绘画技巧和绘画内容，比如浮世绘的画面构图，对日常生活细节的描绘，对一日之中光影交错的迷恋和对四季轮回之景的赞美。可以说，浮世绘艺术深刻影响了 19 世纪欧洲艺术的发展。

19 世纪的法国现实主义以爱德华·马奈（Édouard Manet）的作品《奥林匹亚》（*Olympia*，见图 33）为代表。1865 年，《奥林匹亚》在巴黎一经推出就引起巨大的争议。《奥林匹亚》的画面中央是一个全裸的妓女，她躺在洁白的床上，身边是一个给她送来花束的嫖客。妓女毫不避讳地直视着观众，神情大胆而挑衅。以妓女为绘画题材在当时的法国并不常见，古典主义的标题也显得格外讽刺：马奈似乎是想借这部作品讥讽、戳穿社会大众的伪善。虽然《奥林匹亚》继承了文艺复兴时期的画风，但裸女的身材骨感，不符合古典主义的要求。同时，裸女所占的画面比例过大了，整个人看上去真的是在画面的前方。她身下的床则皱皱巴巴，显得凌乱不堪。

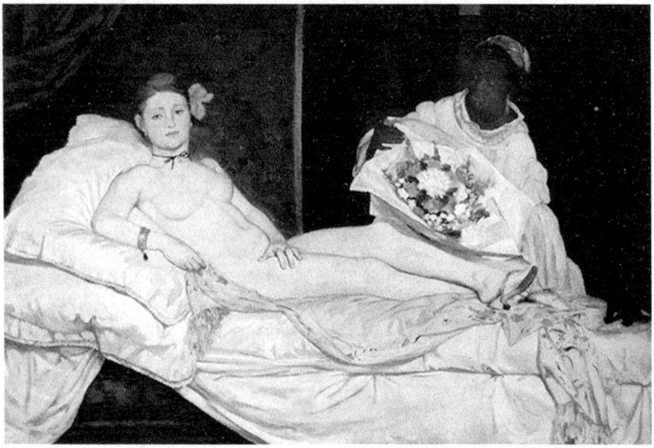

图 33

爱德华·马奈,《奥林匹亚》,1865 年,布面油画,1.3 米 ×1.9 米,法国巴黎奥赛博物馆。

摄影技术改变了 19 世纪西方艺术的发展方向。摄影使记录生活与社会状况成为可能,被广泛运用在现实主义题材之中。现实主义所主张的社会观念也影响了 19 世纪后半叶的建筑,随着科技的进步,人类开始采用全新的建筑材料和结构。

以伦敦水晶宫为例,预制装配式建筑大大缩短了工程时间,降低了建筑成本。巴黎埃菲尔铁塔的建成依赖于锻铁技术的发明。世界各地开始修建以钢索为原材料的吊桥,如纽约的布鲁克林大桥。电梯和钢框架结构的发明让高楼大厦不再只是人类的梦想。19 世纪末,在芝加哥及其周边地区,由设计师路易斯·沙利文(Louis Sullivan)开创的第一座摩天大楼在城市里出现,他的理念是“功能决定形式”，即建筑物的风格由建筑物的实际用途决定。

继现实主义之后，印象主义于19世纪60年代在法国巴黎诞生。印象主义与现实主义都热衷于描绘日常生活，但不同的是，印象主义绘画的内容通常是休闲娱乐生活。印象主义画家喜欢在户外和大自然中创作。他们走出画室，改变了传统的作画方式。因此，室外绘画（plein air）成为印象主义的代名词。印象主义对自然光影和色彩十分感兴趣，喜欢展现事物原本的样子。随着印象主义被大众接纳，关注社会阶层的现实主义艺术逐渐被人们淡忘。

《日出·印象》（见图34）是印象主义大师莫奈的作品，这幅油画描绘了法国北部海滨城市勒阿弗尔（Le Havre）的自然风光。勒阿弗尔是莫奈的家乡。有趣的是，“印象主义”这个说法正好源自这幅作品的标题。一开始，这个称呼是批评家为了嘲笑这种全新的绘画风格而发明的贬义词，他们称，印象主义画家过于肤浅，对绘画内容的理解流于表面，作品形式模糊，在作画前欠缺思考，准备不周，与新古典主义相比简直就是小儿科。在某种程度上说，莫奈的画作确实具有颠覆性，崭新的艺术风格得不到大众的理解与欣赏也实属正常。过了差不多一代人的时间，这种绘画风格才流行起来。

印象主义与现实主义相比有自己的独到之处。与《奥林匹亚》做对比，第一，《日出·印象》所使用的色域更加广泛，因此某一时间段自然光的切换能被更加精准地表现出来。第二，《日出·印象》的背景是大烟囱与雾霾，这描绘了工业革命所带来的社会现实。第三，莫奈的绘画传达出“变化”的感觉，不管是时间变化、社会变化还是环境变化。第四，莫奈的作品体现出独特的时光流逝感，既描绘了日出之际的日夜交替，又表现出人类社会从农业文明走向工业文明的演进。最后，莫奈以破碎的色彩描绘太阳在水中的倒影，表现出水流和波纹的质感。背景大量采用橘橙色，制造出水洗的效果，与太阳和水波遥相呼应。

从印象主义绘画开始，艺术品所使用的颜料被视为作品内容的一部分，这是对西方艺术传统的一大突破。

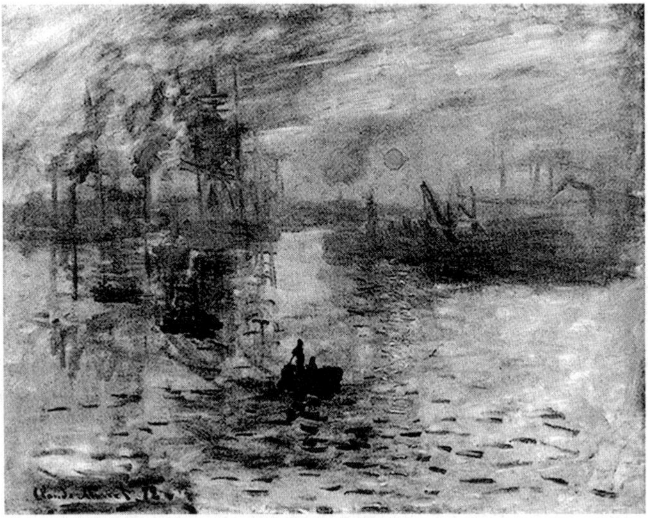

图 34

莫奈，《日出 · 印象》，1872 年，布面油画，49.5 厘米 ×64.8 厘米，法国巴黎玛摩丹美术馆（Musée Marmottan）。

19 世纪 70 年代后期，后印象主义在印象主义出现后的初期阶段诞生。印象主义和后印象主义所描绘的主题类似，常见的创作题材有娱乐休闲场所、街道、肖像画、自然风光和工业社会的景象。不同的是，后印象主义比印象主义更注重绘画形式，画面更有层次感。例如，凡・高在作品《星月夜》（见图 35）中大量使用螺旋形笔触，勾勒出厚重的动感曲线。这些笔触不像莫奈的作品那样融合在一起，画面中的每个物体都彼此独立，轮廓鲜明，因此也具有更加丰富的含义。与《星月夜》相比，《日出・印象》更像是一幅优哉游哉的小品画：在港口水域上，太阳缓慢升起，水流迟缓而舒畅，一切都随性极了。

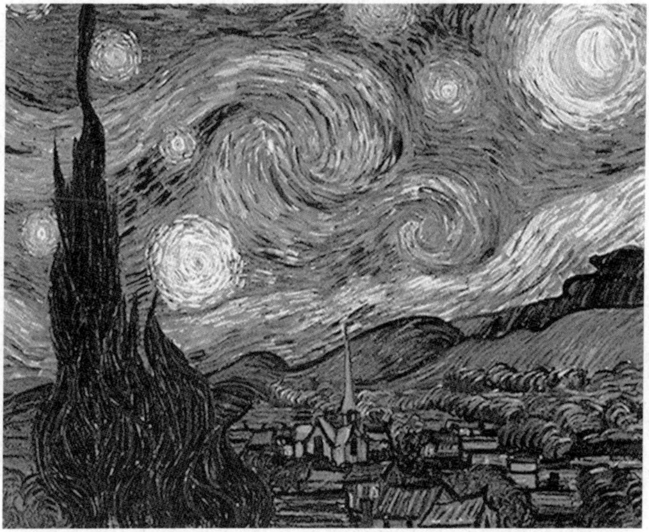

图 35

凡・高，《星月夜》，1889 年，布面油画，73 厘米 ×93 厘米，美国纽约现代艺术博物馆。

从塞尚到现代主义：20 世纪初的艺术

后印象主义画家塞尚深刻影响了 20 世纪的西方艺术，正如弗莱和贝尔所预测的那样。塞尚早期的绘画风格颇为灰暗，以描绘暴力场景为主。后来，在印象主义的启发之下，塞尚改变了画风。

19 世纪 70 年代，塞尚开始以鲜艳明亮的色彩表现全新的画面空间，以长方形的块状笔触描绘“破碎的色彩”，使绘画作品看起来像是一块块立体图形的组合，因此塞尚的绘画有时也被称为“组合画法”。塞尚认为，自己不过是在如实描绘自然最真实的样子，而自然就是由锥体、球体和圆柱体组成的。《圣维克多山》（*Mont Sainte-Victoire*，见图 36）是塞尚这一时期的代表作。圣维克多山也是塞尚最喜爱的绘画题材之一，它距离塞尚位于普罗旺斯艾克斯（Aix-en-Provence）的工作室不远，从工作室的窗口望去，山景映入眼帘，日日夜夜陪伴着塞尚。

若将《圣维克多山》与《维纳斯的诞生》做对比，我们就能理解塞尚的特别之处。《维纳斯的诞生》采用文艺复兴时期发明的透视画法，这种传统绘画技巧以画面为窗，观众得以欣赏一个恒久不变的自然景观。景观中的人物和物体都轮廓鲜明，清晰可辨。到了印象主义时期，画家对大自然的看法发生了变化。作品中的物体和人物轮廓变得流动而模糊。在《日出·印象》中，自然景色一直处于流动变化之中，画家也在着重强调这种变幻莫测、不可捉摸的感觉。到了后印象主义时期，以《圣维克多山》为代表，画家不再如实描绘自然景色。画面的物体与人物都变得立体而抽象，由一个个立方体组合而成。

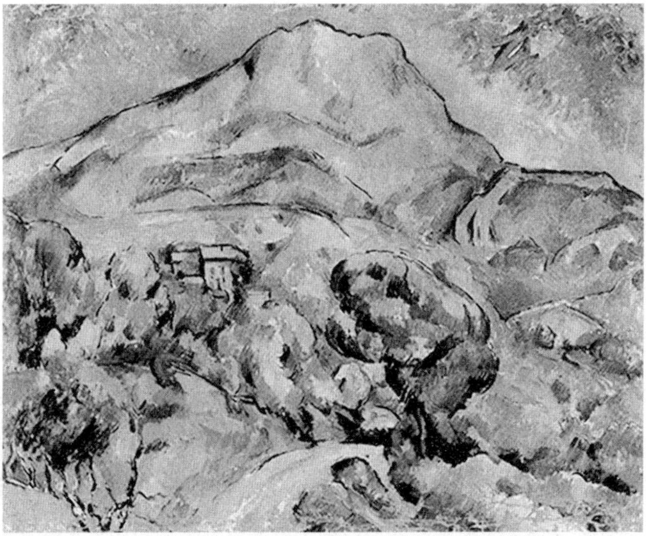

图 36

塞尚，《圣维克多山》，约 1900 年，布面油画，78 厘米 ×99 厘米，俄罗斯圣彼得堡赫米蒂奇博物馆（Hermitage Museum）。

后印象主义的两位代表性画家是凡·高和塞尚，他们都偏好使用艳丽的色彩，强调画面的结构和质感。这两种特质又在 20 世纪初衍生出表现主义和分析立体主义：表现主义绘画的特点是使用明亮浓郁的色彩和活力十足的笔触；分析立体主义将塞尚的抽象主义发扬光大，画面空间由立体的几何形式组成，不同于《荷拉斯兄弟之誓》与《维纳斯的诞生》的背景，与传统表现空间的绘画方式有本质的区别。

表现主义和分析立体主义是20世纪早期艺术风格的代表，它们深受非西方艺术的启发，内容丰富多样。就像远东地区和南太平洋地区的艺术启发了印象主义与后印象主义，非洲和南太平洋地区的艺术也为表现主义和分析立体主义带来了灵感。

知识拓展

非洲和南太平洋地区的艺术对先锋派的影响

19世纪末，西方艺术家通过殖民、旅行和在欧洲举办的国际展览熟悉了非西方艺术，日本浮世绘与中国传统艺术的元素频频出现在西方艺术之中。19世纪50年代到60年代，南太平洋地区的艺术和非洲艺术开始影响西方艺术。接受非西方艺术、积极吸收异域文化的艺术家属于先锋派，他们的创作风格前卫、大胆，艺术品具有颠覆性。诚然，西方艺术家对非西方艺术的理解带有局限性，或许他们未能充分理解自己所借鉴的艺术形式。但无疑，非西方艺术对20世纪的西方艺术产生了深远的影响，先锋派艺术摆脱了古典的传统，诞生了全新的艺术哲学。例如，善用几何图形的非洲艺术启发了分析立体主义，布朗库西的雕塑作品《波嘉尼小姐（第一版）》（见第1章图2）就是先锋派艺术的代表作之一。

1900 年至今：创新与变革

后印象主义绘画色彩鲜艳，情感充沛，具有极强的感染力，影响了一大批后世画家，如法国野兽派先驱马蒂斯。马蒂斯的绘画以色彩鲜艳著称，色彩即构成绘画形式本身。

此外，来自俄罗斯的德裔表现主义艺术家康定斯基（Kandinsky）和西班牙画家毕加索也师承后印象主义。康定斯基是世界上第一位只创作抽象绘画的艺术家；毕加索则开创了立体主义。毕加索的一生可分为几个不同的时期。早期以 1901—1903 年的“蓝色时期”和 1903—1906 年的“玫瑰红时期”为代表，那时他刚从西班牙搬到巴黎不久，绘画表现的是年轻毕加索的内心世界：蓝色时期的绘画以蓝色为主色调，表达抑郁忧伤的心情；玫瑰红时期的绘画以红色为主色调，表达积极乐观的心情。

1907 年，毕加索的绘画风格骤变。他抛弃以色彩为主的绘画风格，开创了原始立体主义（proto-Cubist），尤以《阿维尼翁姑娘》（*The Women of Avignon*，见图 37）为代表。在这幅作品中，毕加索颠覆了传统的画面空间，五位女性和水果静物是带有棱角、边缘尖锐的几何图形，人物的面容不但不对称，还极其扭曲，与真实的女性五官截然不同。画面最右边的两位女性让人联想起非洲的几何面具。画面下方摆放着水果的桌角微微往上翘，这违背了地心引力。画面背景由一个个抽象图形组成，破碎而凝固。右下角的人物蹲在地上，其正面和背面同时面向观众，改变了观众的自然视觉。

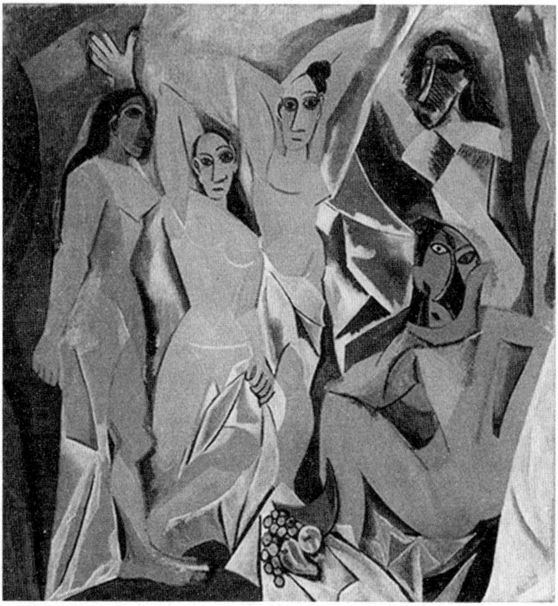

图 37

毕加索,《阿维尼翁姑娘》, 1907 年, 布面油画, 2.44 米 ×2.34 米, 美国纽约现代艺术博物馆。

深受塞尚的影响,毕加索的艺术颠覆了传统的绘画构图与画面空间。他的横空出世为后世带来了两种新的艺术:拼贴画(collage)和集合艺术(assemblage)。拼贴画是将轻质材料(如纸张)剪切后再重新拼凑、粘贴在一起的艺术。集合艺术和拼贴画相比,使用更沉重、更有质感的材料,将其重新组合、拼凑、搭配,以创造新的造型。这两种艺术既使用传统的艺术材料如油漆、木炭或青铜,也使用日常生活中的普通物品。拼贴画和集合艺术属于现代主义艺术,是立体主义之后新的艺术风格，不再区分传统的前景和背景。

毕加索最著名的集合艺术品是1943年的《牛头》(*Bull's Head*)。虽然名为“牛头”，但这幅作品实际上是由青铜铸造的自行车车座和车把手组成的。毕加索以他的想象力和艺术天赋将车把手和车座拆下来，把车座转了个圈，接到车把手上，由此产生的作品类似于公牛的头部，同时也具有某些非洲面具的几何特征。

20世纪，随着科学技术的发展，新兴的艺术媒介得以诞生，传播速度更快。艺术风格变得更加五花八门、日新月异，20世纪的艺术与19世纪相比更加丰富多元。21世纪，互联网的出现更加彻底地改变了艺术的面貌，且这些变化发生得更加迅速。电子技术带来了全球一体化和数字化，全新的影像与数字艺术因此诞生。

20世纪初，立体主义衍生出未来主义(Futurism)。未来主义赞扬机器化大生产与工业化，曾一度受到意大利法西斯的青睐。为了抗议第一次世界大战的破坏，达达主义在欧洲和超现实主义(Surrealism)一样，也间接受到精神分析的影响，尤其是弗洛伊德对双关语、玩笑和梦境的分析。杜尚创造出现成品艺术和经过加工的现成品艺术(the Readymade Aided)。美国各州涌现出具有地方特色的艺术。20世纪20年代，受哲学家阿拉因·洛克(Alain Locke)的启发和鼓励，纽约非裔艺术家开始表达自己的艺术观点，开创了“哈莱姆文艺复兴”(the Harlem Renaissance)。

随着第二次世界大战的爆发，许多欧洲艺术家纷纷移民美国。于是，西方艺术的中心从欧洲转移到了美洲大陆，从巴黎转移到了纽约。在这种背景下，纽约学派和抽象表现主义孕育而生。抽象表现主义继承了立体主义的抽象空间表现手法，并将其发挥到极致，代表作是杰克逊·波洛克的《汇聚》(见第 1 章图 4)。抽象表现主义绘画不再以前景和背景区分画面空间。以《汇聚》为例，画布上涂满了飞舞的颜料，画笔来来回回、色彩斑斓凌乱，并无明显的章法。有时候，波洛克还故意修剪画布的边缘，拓宽画面的视觉空间，营造出一种油漆漫天飞舞的视觉效果，极具动感。

在创作《汇聚》时，波洛克首先将画布平铺在地板上，然后绕着画布一圈又一圈地走动，以滴溅的方式将颜料洒在画布上。涂料有时会被洒在画框以外的地上，产生一种逼真的颜料飞溅的效果。今天，波洛克位于纽约长岛的工作室已被改造成博物馆，他昔日创作《汇聚》时残留在地面上的涂料和所形成的“画框”也被完好地保存了下来。

20 世纪五六十年代，流行艺术横空出世。流行艺术反对抽象表现主义，不再以抽象的方式表达深邃的思想，而将艺术创作的目光再次转移到日常物品和人物上，如美国国旗、超人、米老鼠、唐老鸭、“猫王”埃尔维斯·普雷斯利（Elvis Presley）、玛丽莲·梦露、伊丽莎白·泰勒和杰奎琳·肯尼迪（Jacqueline Kennedy）等。流行艺术的代表人物是安迪·沃霍尔。他的作品《布里洛盒子》(见

第 1 章图 5）是最早的流行艺术品之一，它和沃霍尔本人一样前卫大胆、时髦高调、荒诞不经而又引人入胜。流行艺术反映了消费主义作为艺术主题的吸引力。除了肥皂盒，沃霍尔还为金宝汤罐头、可口可乐和美元创作了作品。

到了 20 世纪后半叶，艺术又有了新的形式和风格，如极简主义艺术、概念主义艺术、身体艺术、行为艺术、女性主义艺术、涂鸦艺术、装置艺术、后现代主义建筑和影像与数字艺术等。传统的艺术风格重新融合以表达全新的艺术哲思，越来越多的艺术家开始尝试跨界合作，如画家与舞蹈家、画家与诗人之间的合作。跨文化的艺术创作日益频繁，艺术不再只是单一文化的结晶，而是融合多元的世界文化的成果。

影像艺术的先驱和代表人物是出生于韩国的白南准（Nam June Paik）。1993 年，白南准与音乐家约翰 · 凯奇（John Cage）共同完成了跨界作品《钢琴曲》（*Piano Piece*，见图 38）。该作品以电视、鱼缸和滚动播放的视频为材料，是一件典型的装置艺术品。《钢琴曲》的主体是电视和一架自动演奏的钢琴，钢琴所演奏的是凯奇的作品。白南准称《钢琴曲》正是为了献给朋友凯奇而创作的。钢琴上方的电视里呈现的是白南准和凯奇弹钢琴的手，以及另一位艺术家梅尔塞 · 坎宁安（Merce Cunningham）的手。坎宁安是一位现代舞演员，曾多次与白南准合作。《钢琴曲》最上方的四台电视中有一个数字硬盘，它控制着整件作品并播放着理查德 · 泰特尔鲍姆（Richard Teitelbaum）的音乐。

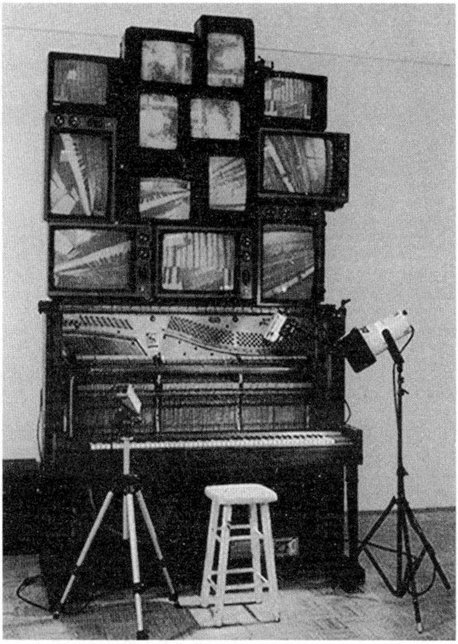

图 38

白南准，《钢琴曲》，1993 年，闭路视频雕塑，3 米 ×2.1 米 ×1.2 米，美国纽约水牛城奥尔布赖特 - 诺克斯画廊。

白南准被称为“影像艺术之父”。他的作品融合了美术、音乐和表演艺术，体现了艺术家的跨界合作精神，这种合作精神是当代艺术的重要部分。1932 年，白南准出生于韩国，后来分别在日本和德国学习艺术，开始对融合传统艺术和所见到的不同文化的艺术。1964 年，32 岁的白南准定居美国纽约。他热爱并积极利用新媒体，尤其是可以迅速传播图像的互联网，使艺术呈现全新的面貌。此外，白南准还积极地推动、引领艺术的全球化发展。

要点总结

1. 艺术深受文化的影响，每个文明都有其璀璨期与衰落期，当文明处于璀璨期时，它对其他地区的影响最为深远，此时它的艺术也达到了巅峰。

2. 浪漫主义是一种全新的哲学观和审美品位，欣赏怀旧风格，欣赏充满格调的自然景观，对遥远的异国他乡有无限畅想。

3. 位于法国东南部的肖维岩洞壁画是西欧现存最古老的旧石器时代岩洞壁画，反映了狩猎对于人类的重要性。

3

艺术的起源

关于代达罗斯的故事的两个版本都讲了什么？

华兹华斯和柯勒律治认为艺术源于何处？

欧洲何时进入青铜时代？

安迪·戈兹沃西的《跨过拱门》有何特点？

“艺术从何而来”这个问题就像“艺术是什么”一样让人不解。千百年来，艺术的起源一直是哲学家、诗人和艺术家们讨论的主题。这个问题可以从几个不同的方面来回答，分别是艺术的历史起源、艺术的神话起源、艺术家的灵感来源、艺术品的背景（由空间、表面和媒介组成），以及艺术创作所使用的材料。

如今，人们对艺术创作的过程并没有太多争议。大多数人都同意艺术创作始于理念，艺术家用富有美感的方式表达某个理念并获得观众的反馈，列奥·施坦伯格在讨论流行艺术时曾引用雨果的“战栗说”来阐述这个观点。

至于艺术的起源，艺术界至今仍没有一个明确的说法，各种观点和理论之间无法达成共识。如果非要给出一个回答，我们可以说，艺术的起源多种多样。

艺术品由艺术家的天赋、教养、个性、可获取的资源以及文化环境共同决定。本章着眼于艺术的起源，从艺术的历史起源与神话起源开始探讨艺术灵感的问题。

讨论艺术的历史起源需要文物证据的支撑。文物的发现与挖掘本身具有偶然性与不确定性，因此讨论艺术的历史起源颇为困难。根据现有考古证据，艺术始于智人，时间可追溯至旧石器时代。尽管最新的研究显示，尼安德特人与智人存在杂交的现象，但没有证据显示尼安德特人也创造了艺术。或许，随着时间的推移与科技的进步，在不久的将来会有更多的证据涌现出来，从而改变我们的认知。但就目前的证据而言，艺术始于智人。我们几乎不可能纯粹地从历史学角度分析艺术的起源，给出明确的开始日期。根据目前所掌握的文物证据，艺术起源于旧石器时代。最早的艺术形式是岩洞壁画和描绘人类、动物的小型雕像。到了新石器时代，主要的艺术形式是巨石建筑。

在古代文献和传说中，艺术的历史与神话传说之间的界限非常模糊，二者往往密不可分。约公元前 3000 年，人类最古老的文学作品《吉尔伽美什》诞生于古近东地区的美索不达米亚，讲述了吉尔伽美什因修建乌鲁克城墙这一英勇行为而声名远扬。在古埃及，传说中第一个修建巨石金字塔的人是伊姆霍特普（Imhotep）。他于约公元前 2600 年设计并修建了塞加拉附近的大阶梯金字塔，因此被尊称为神。在古罗马，据说罗马城是由罗慕路斯和雷穆斯兄弟所建，他们是特洛伊英雄埃涅阿斯的后代。巨石建筑起源于新石器时代，在史前时期，修建巨石建筑是伟大的创举，被视为文明的奠基。

艺术的神话起源

古希腊神话中有好几则关于艺术起源的故事。代达罗斯（Daedalus）是一名伟大的古希腊建筑师和雕塑家，以擅长运用错觉艺术手法而著称。关于代达罗斯的故事有几个版本。一个版本是，代达罗斯是人类史上第一位建筑师。正如第 2 章所说的，弥诺陶洛斯是邪恶的牛头人身怪物，每年要吃掉雅典的 7 个童男和 7 个童女。为了将它隐藏起来，代达罗斯在克里特岛建造了一个迷宫。迷宫曲折复杂，极具欺骗性，人一旦进入就永远无法走出。希腊英雄忒修斯以线球为记号，进入迷宫后杀死了弥诺陶洛斯并沿着线球成功走出迷宫。

另一个版本是，代达罗斯是人类史上第一位雕塑家。他和儿子伊卡洛斯（Icarus）被弥诺陶洛斯幽禁在迷宫中，代达罗斯为自己和儿子用蜜蜡做了两对翅膀，最终成功飞出了迷宫。但伊卡洛斯没有听从父亲的告诫，飞得太高，离太阳越来越近。最后，伊卡洛斯的翅膀融化，掉进爱琴海里溺亡了。

另外两则希腊神话故事是关于神话起源的，它们解释了人类对自然中倒影和影子的迷恋，因为这二者是人类自我的双重身份。那喀索斯（Narcissus）是古希腊的一位美少年，他痴迷于自己的水中倒影，自我欣赏到无法自拔，最终不小心跌入池中淹死。仙女厄科（Echo）爱慕着那喀索斯。她看到心上人死去，伤心欲绝，终日以泪洗面，憔悴不堪，最后消失不见，只留下她的声音不断回荡。

这则神话故事启发了 15 世纪文艺复兴时期的艺术理论家莱昂·巴蒂斯塔·阿尔贝蒂（Leon Battista Alberti），他认为绘画起源于人类对自我倒影的好奇。根据阿尔贝蒂的理论，艺术部分起源于自然环境，部分起源于人类的自恋。这并不难理解。如果我们多多观察儿童，就会发现儿童对镜中的自己是多么着迷。当儿童发现镜中的人物正是自己而不是别人时，他们会自然而然地产生一种强烈的自恋。这印证了那喀索斯的故事与阿尔贝蒂的观点。

除了倒影，人类也被自己的影子所吸引。影子反映的是人类自我的轮廓，而不是自我形象。人类对自我轮廓的着迷通常被认为是雕塑艺术的起源，科林斯女仆的故事就印证了这个观点。古希腊城邦之一的科林斯有一位年轻的女仆。一日，她看见墙上有自己情人的影子。出于爱慕之心，她沿着影子的边缘画了一条弧线。后来，这名女子让她的父亲按照影子轮廓用泥土创作出了一座雕像。

那喀索斯的故事告诉我们绘画起源于人类的倒影，科林斯女仆的故事则告诉我们雕塑起源于人类的影子。这两则神话故事都与人类的肖像有关，都表现出人类希望永久保存容颜的愿望。阿尔贝蒂非常热衷于保存自己的容颜，他甚至要求画家把自己画进作品，这样他的容颜就能永久地存活在后世的文化记忆中。古希腊人用雕塑来纪念伟大的人物，奥运会冠军、桂冠诗人和战争英雄们都有自己的雕像。如今，这一源于古希腊的传统仍在全世界范围内流传，世界各地的公共场所中都树立着伟人雕像。

1947 年，美国画家巴尼特·纽曼（Barnett Newman）在谈到艺术的起源与人类神话传说的关系时说："第一个人类就是第一位艺术家。"纽曼称，艺术与诗歌早于实用主义出现。在人类有实际的交流需要之前，艺术就出现了。是艺术定义了人类，艺术使人类不同于其他物种。纽曼说："人类在学会制造斧头之前就已经用泥巴制作泥像了，人类在把棍棒当标枪之前就知道用棍棒在泥土上画直线了……艺术表达是人类与生俱来的能力。"纽曼对艺术的看法与丹尼斯·达顿不谋而合，他们都认为人类自从诞生起就与艺术共存，二者密不可分。不过后来纽曼修改了自己的表述，他将"第一个人类就是第一位艺术家"改成"第一位艺术家就是第一个人类"，修改后的表述更具哲学思辨性，也更加深奥。

19 世纪的美国画家惠斯勒就艺术的起源有自己一套独特的看法。惠斯勒称第一位艺术家是原始社会中一个不想和其他人一起打猎，只想和女人一起待在帐篷里的人。夜晚，他坐在帐篷里，观察起面前的篝火来，并很快对燃烧中的篝火产生了浓厚的兴趣，于是用木棍在地上画出篝火燃烧的图案。这样，人类中第一位艺术家就诞生了。

火焰在惠斯勒的艺术起源论中扮演了关键的角色，是火焰赋予了人类艺术灵感。赫菲斯托斯（Hephaestus）是希腊神话中的锻造之神，正是他传播了艺术与文明的火种。惠斯勒的艺术起源论将艺术家与女性相提并论，把艺术创作的过程比喻为女性的分娩。这种比喻非常流行，包括惠斯勒本人在内的许多艺术家都曾引用。惠斯勒一直称绘画作品是自己的孩子，因此他有时会因这种观念惹恼那些买了他画的人。

14 世纪的意大利艺术家乔托·迪邦多内（Giotto di Bondone）曾被问："为什么你的孩子都很丑，但绘画作品都非常美丽？"迪邦多内回答："因为我只在白天看得清的时候搞创作，在晚上看不清的时候才忙着繁衍。"米开朗琪罗说自己没有孩子是因为把精力都放在艺术创作上了。持相似论调的还有考考斯卡，他把艺术创作比喻为农家姑娘的分娩（详见第 1 章）。许多艺术家也都把艺术创作比喻为分娩过程，把作品视为自己的孩子。艺术家按照脑海中的艺术构思，亲手将材料变为一幅幅作品。

惠斯勒并没有说明人类历史上第一位艺术家到底画了什么，但在自然界或人造环境中发现的形状不一定是具象的。达·芬奇说，艺术家的职责是加工自然界中的图案，使其成为艺术。具体来说，这需要艺术天赋，即一种隐喻思维。具备艺术天赋的艺术家将自然界中的具体图案抽离出来，再以传神的笔触进行还原。达·芬奇以镜子比喻艺术家的艺术天赋，这又回到"绘画起源于人类对自我倒影的迷恋"的说法了。达·芬奇的说法并不难理解，也容易得到证实：艺术品往往与艺术家的个人经验有关。

20 世纪的西班牙画家安东尼·塔比埃斯（Antoni Tapiès）的绘画通常由灰色、黑色和棕色的图案组成，目的是模仿西班牙内战中遭枪支、手榴弹和炸弹袭击而摇摇欲坠的墙壁。塔比埃斯在创作时先用锋利的工具割破画布，再涂上厚厚的油漆，或将砾石铺满画布表面。这样做是为了唤醒人们对西班牙内战的记忆，描绘等待被处决的犯人队伍在一道道墙壁前排成一行。

画家罗马勒·比尔敦（Romare Bearden）的风格与塔比埃斯的相比要快活、明亮得多，比尔敦以生动的笔触描绘了童年时期的家乡景色，将大街小巷的景色生动、具象地传达给观众。美国西海岸画家理查德·迪本科恩（Richard Diebenkorn）擅长描绘抽象风格的自然风光。他的作品中总有广袤无垠、充满活力的加州景色和太平洋的海景，将自然景观替代为宽阔的长方形，笔触富有质感。

艺术家对艺术起源的个人理解

艺术家的创作灵感来自许多方面。亚里士多德认为，逼真的模仿能带来快感，艺术创作的灵感源于人们对模仿的冲动。16 世纪意大利文艺复兴时期的传记作家乔尔乔·瓦萨里（Giorgio Vasari）认为，艺术家的创作灵感由上帝赋予，他称米开朗琪罗为“神圣之人”，称与米开朗琪罗处于同时代的对手拉斐尔“生于一颗巨星之下”。德国哲学家康德认同瓦萨里的观点，认为艺术是天赐之作，艺术家受到了神的启示。

18 世纪的英国哲学家埃德蒙·伯克（Edmund Burke）认为艺术具有崇高的属性：令人兴奋又令人恐惧。19 世纪的浪漫主义诗人华兹华斯和柯勒律治指出，艺术灵感源于大自然的崇高。20 世纪的德国哲学家马丁·海德格尔（Martin Heidegger）称，艺术诞生于艺术家所生长的自然环境之中。弗洛伊德对艺术创造力的看法与以上观点都不同，他认为人类的创造力无法捉摸。精神分析师遇到神秘的艺术天才时必须放下武器，缴械投降。

艺术冲动的起源

我们只需要观察小孩子就知道人类创造形象的冲动是与生俱来的。孩子们在得到允许后，会在任何接触到的表面上画画，或者做简单的记号。虽然如今的大多数艺术家都受过正规训练，但也有不少艺术家自学成才。这方面最著名的艺术家有被称为“摩西奶奶”（Grandma Moses）的 20 世纪美国画家安娜·玛丽·罗伯逊（Anna Mary Robertson）、霍勒斯·皮平（Horace Pippin）、荷兰画家凡·高（只短暂地受过艺术教育）和法国海关工作人员亨利·鲁索（Henri Rousseau），鲁索只在每周日作画，直到退休才成为全职画家。

绘画、音乐、小说和表演艺术始于人类交流的欲望，人类通过艺术表达喜爱、恐惧、愤怒、抗议等情感。艺术创作可以是个人爱好，也可以是他人委托的工作，区别是后者有明确的目标和标准。意大利文艺复兴时期的大部分艺术品都是根据书面合同受赞助机构或个人委托而创作的，赞助机构主要是宫廷、富人阶层以及教会，包括教皇在内。

举例而言，达·芬奇的绘画《美丽的费蓉妮叶》（见第 1 章图 6）被认为是受米兰公爵洛多维科·莫罗（Lodovico Moro）的委托而作的，费蓉妮叶的人物原型是公爵年轻的情妇。再比如，伦勃朗一生创作了大量的肖像画，其中一部分是受个人委托而作，一部分是受机构委托而作。伦勃朗一生都试图利用名气赚钱，出于投机的目的，他也画了很多自画像。

此外，建筑物几乎都是受委托而作，这是由建筑物的性质决定的。因为修建房屋不仅需要一大笔投资，还需要说服公众，得到公众的理解和支持。

艺术家与所处环境关系密切。自然环境赋予艺术家创作灵感，体现为描绘自然山水的画作；人造环境给艺术家提供创作素材，有了城市，才有风俗画中的芸芸众生。另外，宗教、神话、幻象和梦境也给予了艺术家丰富的精神与想象。波提切利的《维纳斯的诞生》（见第 2 章图 26）源于一则著名的希腊神话故事，画面中既有自然风景又有海景：维纳斯诞生于海面上，她脚踩贝壳漂浮上岸的形象已成为经典。凡·高在《星月夜》（见第 2 章图 35）

中描绘了荷兰小镇梦幻般的夜景，画中的大自然与天空都那样变幻莫测，既代表着客观现实，又反映了画家的情感。比尔敦画笔下的童年景象充满活力与动感，反映了美国黑人社区的色彩斑斓和生机勃勃。

对建筑尤其是宗教建筑来说，选址至关重要。例如，帕特农神庙是一座拥有防御功能的高架建筑。作为向古希腊文明致敬的雕塑建筑，帕特农神庙的选址意义重大，因此卫城成为首选。中世纪时期，大多数哥特式大教堂选择修建在城镇的制高点上，这样人们从很远的地方就可以眺望到。今天我们几乎可以肯定地说，巨石阵的修建与某种原始宗教的祭祀仪式有关。古人将巨石阵建在平原上和其最初建造的圆形土丘似乎暗示了某种意义非凡的宗教理念。不过，迄今为止并没有资料能证实这一点。

艺术材料和艺术平面

艺术品是看得见摸得着的，即使有些艺术品并不是为了被永久保存下来。艺术材料（媒介）和艺术平面是艺术品不可或缺的两个部分。艺术家在创作时，只会选择能接触到的材料。随着时间的推移，艺术材料的种类变得越来越多，其重要性也变得越来越大。1948 年，抽象表现主义画家汉斯·霍夫曼谈到艺术材料时说：“艺术材料确实已经成为艺术品本身，但前提是艺术家能够很好地把握材料的本质，能够驾驭它。”美国雕塑家、艺术评论家悉尼·盖斯特（Sidney Geist）认为，艺术材料的选择取决于艺术家对材料意义的理解。

艺术平面和艺术材料一样种类繁多。不同的材料和平面之间的差异很大，具有不同的象征意义。最早的艺术材料是旧石器时代雕刻家使用的石头，那个时期的雕像都是小型石雕，如《沃尔道夫的维纳斯》（见第 2 章图 9）。旧石器时代的岩洞壁画以天然泥土为颜料，古人将泥土碾磨成粉，然后与液体混合成了颜料，用于绘制岩洞壁画。新石器时代以前的建筑还未被发现，但考古证据显示，在此之前的人类用动物骨头来修建房屋。更早以前，人类使用的可能是动物皮革。

石制建筑的意义在于其经久不衰，就像古代国王的石雕一样象征着永垂不朽。目前，我们仍不清楚旧石器时代的人们选择某种艺术材料是为了表达某种意义，还是仅仅因为这种材料唾手可得。考古证据表明，旧石器时代的岩洞壁画位于洞穴深处，壁画周围留下了举行祭祀仪式、表演祭祀舞蹈的痕迹。可以肯定的是，洞穴壁画的选址具有深意。

公元前 1500 年左右，西欧进入青铜时代。更早的青铜文明发生在古近东地区与古埃及。青铜时代的艺术家以金属为材料进行创作，其中黄金是最昂贵的，皇家艺术品普遍选用黄金以彰显国王的财富和权力。古埃及金字塔上覆盖着黄金和金缕，表示法老与太阳神同在，金缕璀璨夺目，模仿日落时分照射在金字塔侧墙的太阳光。拜占庭艺术同样偏爱黄金。《查士丁尼及其随从》（见第 2 章图 22）的背景由金色镶片组成，这些金色镶片微微倾斜以加强金光的耀眼程度。从远处看，《查士丁尼及其随从》耀眼夺目，将环境衬托得金碧辉煌。

米开朗琪罗和贝尔尼尼常常选择大理石作为雕塑的材料，因为大理石赋予雕像人物某种英雄气概。而布朗库西喜欢用大理石和青铜，而且喜欢在完成作品后将其抛光。不管是石材还是木材，布朗库西总要进行抛光处理，使作品富有光泽感。布朗库西认为，青铜被高度抛光后像金子一样闪闪发光，这对他而言具有特殊的意义。布朗库西把雕塑艺术比作炼金术，把自己比作炼金师。他骄傲地说，自己能够把不值钱的材料打造成价值连城的艺术品。

绘画艺术与雕塑艺术一样源远流长，最早的绘画形式是岩洞壁画。随着文明的进步，人类开始在建筑物表面作画。可以说，建筑物的性质决定了绘画形式。古埃及流行干壁画（fresco secco，或 dry fresco），艺术家以水性颜料在金字塔墓室、神庙、宫殿的墙壁与天花板上作画。古埃及墓葬画的题材非常丰富，有各种各样的人物与场景，主要表现死者抵达阴间后的生活。埃及气候干燥，墓穴都被密封起来，因此古埃及的大部分墓葬画至今保存完好。

流行于古爱琴海世界的绘画形式是真壁画（buon fresco，或 true fresco）。真壁画与墙壁的黏合度更高，因此保存时间更加持久，保存状态也更好。海洋是希腊文明的重要元素，它保护着希腊诸小岛不受外部入侵，保障着岛民生活的自给自足。位于克里特岛的克诺索斯王宫以壁画闻名于世，壁画内容包括宗教仪式、自然与海洋景观。古罗马和附近的庞贝古城也以壁画为代表性艺术。罗马帝国时期，中上层阶级喜爱壁画，壁画的内容多为祖先画像、自然景观、建筑物和神话故事。随着基督教影响力的扩大，基督教艺术渗透了整个西欧地区，大大小小的教堂里装饰着数不清的基督教绘画和雕像。

另一种流行于古代的绘画形式是蜡画（encaustic），它是将滚烫的蜂蜡掺入颜料，等二者混合后形成一个可作画的表面。古埃及木乃伊棺材上的法老肖像就是蜡画，画面内容逼真，令人叹为观止。由于加入了蜂蜡，蜡画的质地比壁画更浓稠，色彩更亮丽。今天我们看到的大理石雕像几乎都是白色的，可白色并不是这些雕像最初的颜色。古希腊雕塑家在完成作品后都会使用蜡画颜料给作品上色，上色后的雕像更加逼真，色彩斑斓，美轮美奂。只不过，随着岁月的流逝，这些颜色都脱落了。

中世纪和文艺复兴时期流行蛋彩画（tempera），它是一种木板画，以加了蛋黄的水性颜料为涂料，质地更加黏稠。蛋彩画和蜡画一样色彩丰富，是教堂祭坛画的首选，但它的缺点是需要很长时间才能完全变干。中世纪插画手抄本的插图就是蛋彩画。插画手抄本是基督教文本的一种，通常由修道士和修女创作。插画手抄本的插图富有想象力与创意，色彩鲜艳，非常具有审美价值。

到了 15 世纪，帆布取代木板成为画布，它与颜料的搭配构成了油画。油画的缺点是变干的速度和蛋彩画一样缓慢，但油画色彩更加丰富鲜艳，这是蛋彩画所比不了的。一开始，油画并不流行，直到 15 世纪和 16 世纪，它才分别在荷兰和意大利占据主流。油画的颜料可以厚涂也可以薄涂，这取决于画家想要达到的绘画效果。以老彼得·勃鲁盖尔的《收割者》（见第 2 章图 28）为例，画家作画时先将画布放置在画架上，再用刷子将颜料刷在画布表面，这类似于蛋彩画和壁画的作画方式。

除了绘画，制图艺术还包括素描与印刷。素描以较为尖锐的工具作画，如钢笔、铅笔和蜡笔，不使用刷子。因此，素描画更具有线条感。它可以是单独的作品，也可以是作品的草稿或底图。其中，素描草稿具有重要的研究价值，它揭示了画家的创意和绘画过程。

知识拓展

达·芬奇的《圣母子与圣安妮》

我们以达·芬奇的《圣母子与圣安妮》（*Madonna and Child with St Anne*，见图 39）为例来阐述绘画与素描草稿的差异。《圣母子与圣安妮》现藏于法国卢浮宫，该作品的素描草稿（见图 40）保存于英国国家美术馆。二者在作品形式与内涵方面皆有差异。

绘画作品除了色彩更加浓郁之外，还使用了“晕染法”（sfumato）的技巧，使画面背景模糊，产生一种烟熏的效果。而素描草稿则没有运用这一技巧。在素描草稿中，婴儿耶稣举起右手祝福施洗者约翰（John the Baptist）。施洗者约翰是耶稣的堂兄，他站在画面最右边，站姿放松，眼睛凝视着耶稣。在绘画作品中，画家删掉了施洗者约翰，以一只小羊羔取而代之。婴儿耶稣骑着小羊羔，回头看向母亲。这种修改意味着画家的创作思路发生了变化，达·芬奇重新思考了作品的意义，修改了画中人物之间的关系。当然，这两幅作品也有一些相同之处：一是圣母都以看起来不太舒服的姿势躺在圣安妮的腿上，倚靠着后者的膝盖；二是两幅作品都以岩石景观为背景。

后人对达·芬奇的修改有诸多揣测。艺术界给出了各种解释，但没有就这个问题达成共识。我们可以推测，羊羔是一个双重象征，它既代表耶稣也代表施洗者约翰。根据传统，约翰的象征就是一只小羊羔。那么该如何理解圣母的变化呢？在素描草稿中，圣母玛利亚和圣安妮处于同一水平线，后者以一种奇怪的，几乎是斜视的表情注视着前者。而在绘画作品中，玛利亚俯身向前，头部低于圣安妮，神情矛盾，透露出对儿子未来的担忧。她似乎既在催促儿子快点骑上羊羔，又准备随时把儿子拉回来。婴儿耶稣的姿势也自相矛盾。他一边抬起腿准备骑上羊羔，一边又转向母亲。相比之下，圣安妮则没有什么变化。她的手放在臀部，姿态从容、稳定。从形式上看，圣安妮与远处的岩石山平行，让人联想起如落基山脉一般稳固的教会。

通过对比绘画作品与草稿，我们可以推测，达·芬奇刻意降低了绘画作品的具体性和明确性，增强了作品的女性力量和神秘感。修改后的绘画作品体现出画家对人物心理更深刻的洞察。

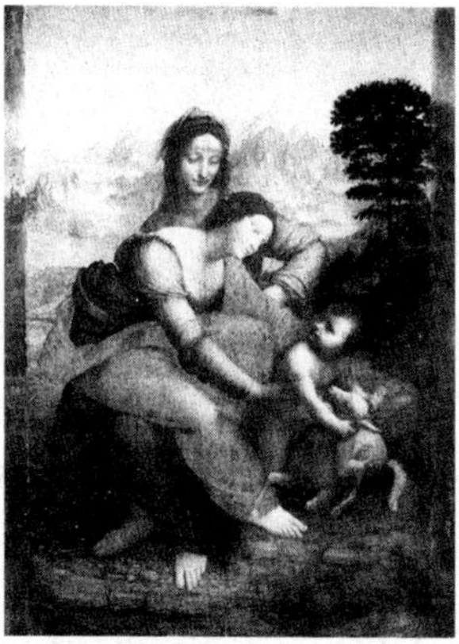

图 39

达·芬奇,《圣母子与圣安妮》，约 1503—1506 年，木板油画，1.68 米 × 1.12 米，法国巴黎卢浮宫。

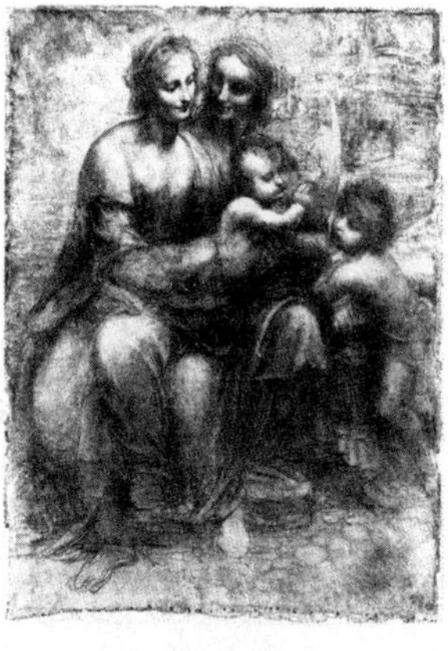

图 40

达·芬奇,《圣母子与圣安妮》草稿，1499—1500 年，着色纸上的黑白粉笔画，141.5 厘米 ×104.6 厘米，英国伦敦国家美术馆。

蚀刻是指在金属板上覆盖一层耐酸性物质，再用锋利的工具刮出图案的印刷技术。世界上最早的蚀刻技术是中国于 9 世纪发明的雕版印刷术。从那时起，印刷技术的种类逐渐丰富起来。与绘画和素描相比，印刷的优点是可以多次复制，大大节约了人力成本。文艺复兴运动以来，已经发展成熟的印刷技术有木刻、油毡刻、版画和石印。木刻是以油墨在木头上刻制而成；油毡刻是指在油毡上雕刻的技术；版画和石印是在木头或金属上雕刻，然后在石头上印刷，后来变为在纸上印刷。

另一种值得一提的制图艺术是纤维艺术，如挂毯，即编织而成的艺术图像。在中世纪和文艺复兴时期，挂毯被用来装饰城堡和宫殿的墙壁。最著名的中世纪挂毯是“独角兽挂毯”（Unicorn Tapestries），该挂毯现存于巴黎克吕尼博物馆（Cluny Museum），描绘了女孩与独角兽的故事，以深红色和绿色为背景，绘有树叶、果树、森林、动物和纹章。独角兽挂毯共有 6 张，其中 5 张被解读为代表人类的 5 种感官。余下一张挂毯上有一位女孩，她站在蓝色的帐篷里，帐篷左边有一头印有纹章的凶猛狮子，右边有一头独角兽。时至今日，这张挂毯的含义仍是一个谜。

巴约挂毯（Bayeux Tapestry）诞生于 11 世纪，是一件总长度超过 70 米的罗马式风格的刺绣作品。巴约主教奥多（Odo）下令制作这张挂毯，这也是挂毯名称的来源。巴约挂毯描绘了 1066 年法国诺曼公爵威廉一世（William the Conqueror）征服英格兰的历史，威廉一世是奥多的同父异母兄弟，因此挂毯体现出统治者的骄傲自豪。该挂毯可能是一群女性制作的，她们以彩色的羊毛线在亚麻布上一针一针地绣出种种场景，不仅有战争场景，还有宫廷场景和海军部队，如承载诺曼军队穿越英吉利海峡的维京长船。挂毯的一侧绣有拉丁语，解释了画面人物的身份和历史事件。

玻璃艺术是中世纪重要的艺术形式之一，最负盛名的玻璃艺术品当属哥特式大教堂的玫瑰窗。彩色玻璃使教堂内部变得色彩缤纷，富有神性。千百年来，使用彩色玻璃的传统保留至今，尤其是在宗教建筑中。

20世纪中叶，马蒂斯为法国南部小镇圣保罗德旺斯（Saint-Paul de Vence）的多米尼加玫瑰教堂制作了玫瑰窗。马蒂斯不仅是一位色彩学家，还擅长剪纸拼贴画，而拼贴画与玫瑰窗的设计原理相近。马蒂斯设计的玫瑰窗以深蓝色为背景，以绿色和黄色的叶子为图案。出生于俄罗斯的艺术家马克·夏加尔（Marc Chagall）曾为许多教堂和机构制作过玻璃窗，如德国梅茨大教堂（Metz Cathedral）的玫瑰窗、耶路撒冷哈达萨大学（Hadassah University）的犹太会堂诊所的玻璃窗，以及位于纽约的联合国总部的玻璃窗。

19世纪起，艺术材料变得越来越丰富。静态的摄影技术被电影取代，电影又被数字影像取代。拼贴画一开始只使用纸张，后来几乎可以运用任何材料。毕加索早期创作的拼贴画以彩纸、木炭、藤条和报纸为材料，后期创作的集合艺术更是天马行空，如以自行车车座和车把手为材料。随着杜尚大胆地在作品中使用小便池、自行车轮、厨房凳子、帽架和纸巾盒，艺术材料的范围进一步扩大。塑料的发明催生出新的颜料类型，尤以丙烯酸为代表。丙烯酸比油漆更容易操作，比水彩颜色更丰富、质地更好。

在美国艺术家丹·弗拉文（Dan Flavin）的作品中，荧光灯成为艺术材料，同时弗拉文还以彩色光和白炽光装饰室内空间。极简主义者偏好人造材料。涂鸦艺术家选择在户外场所进行创作，如地铁或室外的墙壁、建筑物或灯柱上。拾得艺术以浮木和天然石头为材料，以优美的形式吸引了众多艺术家。在大地艺术家罗伯特·史密森（Robert Smithson）的作品中，大自然本身就成为艺术材料和创作平台。自然环境和城市景观赋予艺术家灵感，这体现在克里斯托和珍妮·克劳德的作品之中。

英国当代艺术家安迪·戈兹沃西（Andy Goldsworthy）的户外装置艺术品常以树叶、石头、木头和冰块为材料。在《跨过拱门》（*Striding Arch*，见图 41）中，戈兹沃西将一道拱门孤零零地竖立在郊野之中，背景为自然景观，旁边没有任何其他建筑物或装饰，因此显得格格不入。这道拱门好像是从地下长出来的一般，但在视觉上，它又与天空连在了一起，构成了一个空间，标志着这片地理区域。戈兹沃西给这件作品取名为《跨过拱门》，意在指出拱门是一个有机体且具有动感，由石头建成，牢固而永恒。它不像戈兹沃西的那些多以树叶或冰柱为艺术材料、在创作完成之后立刻消失了的艺术品，它们和大地艺术家克里斯托和珍妮·克劳德的作品一样寿命短暂，只能通过照片来回顾。

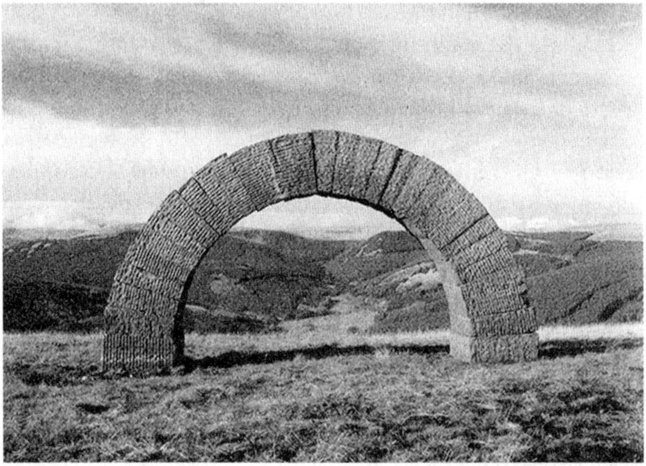

图 41

安迪·戈兹沃西，《跨过拱门》，2008 年，由 31 块手工制作的红砂岩组成，高 4 米，跨度 7 米，重 27 吨，英国邓弗里斯和加洛韦行政区（Dumfries and Galloway）贝尔山。

如今，同样已成为历史的艺术风格还有达达主义。第一次世界大战期间，苏黎世的伏尔泰餐厅是达达主义者的根据地，也是他们艺术创作的中心。20 世纪 60 年代，为了反对越南战争，美国开始流行行为艺术。后来，行为艺术又扩展到政治、社会和抗议种族歧视的议题之中。

20 世纪的艺术风格五花八门，艺术材料也是如此。流行艺术出现之后，丹托宣布艺术已死。在丹托看来，艺术已经失去了边界，艺术与非艺术的区别仅在于前者符合艺术理论。然而，丹托忽视了艺术起源的问题，也忽略了艺术灵感来源的问题。总而言之，丹托没有考虑到艺术和人类的关系。他试图单独从历史学角度来解读艺术，但这注定是失败的。正如达顿所说的那样，艺术自从诞生起就与人类密不可分。

要点总结

1. 弄清楚艺术的历史起源需要文物证据的支撑，但文物的发现与挖掘本身具有偶然性与不确定性，因此讨论艺术的历史起源颇为困难。

2. 人类对自我轮廓的着迷通常被认为是雕塑艺术的起源，如科林斯女仆的故事。

3. 文艺复兴时期的传记作家乔尔乔·瓦萨里认为艺术家的创作灵感由上帝赋予，康德也认同此观点。

4. 19 世纪起，艺术材料变得越来越丰富。静态的摄影技术被电影取代，电影又被数字影像取代。

ART A BEGINNER'S GUIDE

4

艺术形式与艺术含义

古近东地区雕塑艺术的特有处理手法是什么?

《掷铁饼者》表现了怎样的创作理念?

从构图上说，古迪亚雕像和《圣朗基努斯》有何区别?

如何理解米开朗琪罗的《大卫》?

为了描述艺术品，我们必须掌握与视觉艺术相匹配的文字。要做到这一点，首先要熟悉艺术术语，即所谓的“艺术语言”。本章主要探讨两个方面的艺术语言，一方面关于艺术形式，它包括艺术品的结构和构图；另一方面关于艺术含义，即艺术解读的问题，这涉及艺术主题和题材。

艺术品的结构和构图是指艺术家组织利用平面或立体空间的方法。一般而言，画家、绘图员、版画师和摄影师在平面作画，即在二维空间内创作，雕塑家则在立体空间内创作。艺术家可以徒手操作质地柔软的材料，如黏土；而操作石头等坚硬的材料需要借助工具，如锋利的凿子和砍刀。建筑师的工作是重新规划设计目前的空间，在其中修建至少有一个特定用途的建筑物。

线条与平面

线条是艺术形式的基本术语。它可以描绘封闭空间，可以创造动感和明暗效果，可以带来错觉。它还可以表达情感，如人物面部以向上弯曲的线条表示心情愉快，而向下弯曲的线条则暗示心情低落。以水平线描绘人物的五官，如眼睛、鼻子和嘴巴等，可以表现一种毫无感情或深不可测的感觉，使人物因此变得神秘。

平面指空间内某一方向上的某个平铺表面。它可以由单独一条直线构成，也可以由多条直线排列而成。通常，建筑物的地板是水平面，墙壁是垂直面，屋顶是多组斜面，起伏的山丘和海浪则是曲面。为了更好地理解线条和平面，我们以达·芬奇的《人体肩部解剖图》(见图 42) 举例说明。在这幅图中，最上方的人物形象是由线条和平面构成的。线条勾勒出人物的骨骼和肌肉轮廓。同时，这个人微微低头，肩膀持平，头和肩膀之间的脖颈处形成一个斜面。和线条相比，平面可以表现更宽广的空间范围，因此脖颈处的斜面让观众感觉人物的头部在向下低。此外，人物的健壮肌肉也以平面表现，它们重叠交叉，看起来非常逼真。

除了勾勒轮廓，线条的疏密程度还可以表示明暗，明暗对比的作用是表现质量和体积的不同。例如，头顶部分的留白让头顶看起来十分光亮，人物的脖颈处和肌肉之间以线条涂实，看起来有厚重感。值得一提的是，这种明暗效果是渐变的，如左肩的阴影部分。在伦勃朗的自画像（见第 2 章图 30）中，人物表情严肃而深沉，但衣领和帽子边缘的线条向上弯曲，形成一个流线形曲面，表现出人物的乐观和自信。

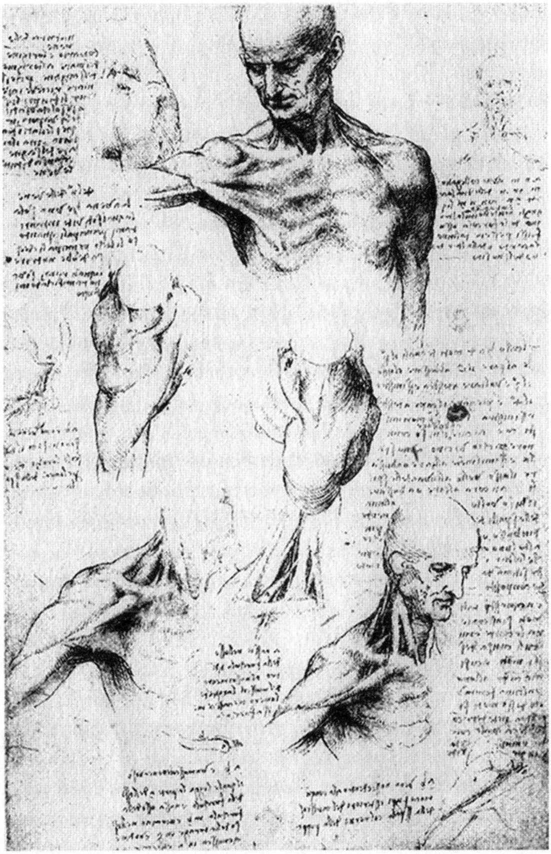

图 42

达・芬奇，《人体肩部解剖图》，1510—1511 年，黑色粉笔、钢笔和墨水画，28.9 厘米 ×19.9 厘米，英国温莎皇家图书馆。

雕塑是三维内的，所以它包含的形式元素与绘画有所不同。人们常说某件雕塑作品的外形如何如何，但这是不准确的，更恰当的说法是雕塑的轮廓（contour）。在雕塑作品的轮廓框架内，我们探讨单个形式元素，如雕像人物的衣服褶皱、人物的五官特征和其他平面细节等，这些形式元素大多由线条组成。

第 2 章的图 11 是出土于古美索不达米亚的古迪亚雕像，古迪亚身穿的衣袍、花瓶中的流水以及衣袍上的楔形文字皆由线条勾勒而出。图 12 是巨兽拉玛苏雕像，拉玛苏双翼的羽毛、腿部的肌肉线条以及体毛也都由线条刻画。这两座雕像并不是写实主义风格的作品，因此观众需要依靠想象力来推测雕像的内容。观众根据雕像人物的腿部、翅膀和身体器官的位置能大概猜测上面的线条代表什么，可如果把这些部分的线条单独拆开来看，就很难分辨清楚了。这种处理手法叫作“风格化”（stylization），是古近东地区雕塑艺术的典型特征。

根据艺术家想表达的内容，雕塑平面将观众的视线引到一个特定的方向。古迪亚雕像和亚眠大教堂的上帝像（见第 2 章图 24）以垂直面表现雕像人物的沉静与灵性光芒。在迈伦的作品《掷铁饼者》（见第 2 章图 17）中，雕像人物的脖颈处有两道相交的圆弧，圆弧所形成的圆面呼应着铁饼、雕像底座和运动员所做的旋转运动。可以说，《掷铁饼者》以圆面表现古希腊雕塑艺术的创作理念，即追求作品形式和人物性格的统一。在贝尔尼尼的雕像《圣朗基努斯》（见第 2 章图 29）中，朗基努斯的双臂斜向展开，做出邀请的动作。这个动作一方面对应着耶稣受难的姿势，另一方面是雕塑家在邀请观众感受朗基努斯皈依之时的虔诚。

建筑同样包含线条与平面元素，这与雕塑大同小异，但建筑中的线条与平面元素更丰富、复杂。雅典帕特农神庙以水平面为主要特征，神庙的石柱垂直竖立，产生一种稳定、扎实的感觉。后世大多数西方建筑模仿神庙的外观，如美国联邦大楼、法国新古典主义建筑、政府大楼和银行等，这些建筑都以水平面为基本特征，营造出庄严、稳重、权威之感。法国亚眠大教堂属于哥特式建筑，以垂直面为结构特征。一眼望去，教堂的塔楼高耸入云，观众的视线也随之向上，直入云霄。

空间：真实与虚幻

关于雕塑与建筑的三维立体空间，我们描述了以下四栋建筑：巨石阵、吉萨的哈夫拉金字塔、帕特农神庙和亚眠大教堂，它们都有一定的内部空间。古美索不达米亚的金字形神塔虽没有封闭的内部空间，但外部有多层阶梯，营造出可见的开放空间。

绘画是一种二维图像艺术，想要在绘画中营造立体感必须借助技巧，其中最简单的就是重叠画法。我们以拜占庭风格的《查士丁尼及其随从》（见第 2 章图 22）为例来说明重叠画法的作用。画面左边站着一排士兵，他们的身体紧挨着，似乎是重叠地站在一起，使观众感到似乎有一支坚实的军队力量在支持着查士丁尼和他身边的大主教马克西米安（Maximian）。除了士兵，查士丁尼和身边的人物也重叠在一起，查士丁尼与大主教站在最前面，以突显皇帝与大主教的地位，他们的身体部分遮挡着牧师与士兵的身体，这意味着士兵和牧师只不过是随从人员。

仔细观察的话，我们还可以看到查士丁尼的脚踩在身边人的脚上，这象征着查士丁尼皇权的至高无上。此外，查士丁尼和大主教的身材明显比周围其他人高大许多，这是为了突出他们的地位尊贵。

拿《查士丁尼及其随从》与老勃鲁盖尔的《收割者》（见第2章图28）相比，我们能看出前者表现画面空间的技巧十分稚嫩。在《收割者》中，远景与近景以渐进的方式过渡，画面空间立体、逼真又自然流畅，这种绘画技巧是于文艺复兴时期发明的透视画法。约1400年，意大利佛罗伦萨的艺术家发明了直线透视画法：以数学公式推算出画面不同物体和人物之间的距离，再根据数学原理作画。这种绘画技巧使画面人物看起来更自然，也更立体。欣赏文艺复兴时期的绘画时，观众感觉自己好像正透过一扇窗户欣赏大自然的景色。

在《收割者》中，位于右前方的农民体型最大，随着逐渐接近地平线，人物的体型越来越小，这符合近大远小的原理。画家对画面前方成排堆放的小麦也采用了透视画法。此外，绘画中不同场景之间的切换自然流畅，有明显的过渡。从高高的麦堆到村庄，再到村庄后面的大海，人物越来越小，景色也越来越模糊。

波提切利的《维纳斯的诞生》（见第 2 章图 26）展现了比《收割者》更为成熟老练的绘画技巧：画面近景到远景的渐变更加自然流畅。《维纳斯的诞生》不仅运用了直线透视法，让观众感觉自己是在透过一扇窗户观察画面，而不是平视画面，它还运用了空气透视法，这种绘画技巧在远东地区的艺术中非常常见，而在西方艺术中很罕见。举例说明，当物体越来越远时，物体的清晰度会随之降低。最典型的例子是海浪的波纹，当海浪离观众很近时，波纹十分清晰；当海浪离观众远一些，波纹就变得模糊；当海浪退回地平线时，波纹就消失了。

文艺复兴时期的这种视绘画为窗的观念在 19 世纪开始发生转变。在印象主义的影响下，艺术家不再使用传统的透视画法，画面空间也因此改变，近景与远景切换平缓，不同场景之间的过渡流畅自然，不像文艺复兴时期的绘画那样生硬。到了 19 世纪 80 年代，塞尚革新了传统的画面空间，他以长方形笔触描绘立体几何空间，画面看起来似乎由一块块变化的晶体组成。这导致 20 世纪初期立体主义在欧洲和美国的发展。

雕塑的开放与封闭空间

我们以三件雕塑作品为例，阐述雕塑的开放空间与封闭空间的不同，这三件作品分别是古迪亚雕像（见第 2 章图 11）、《大卫》（见第 2 章图 27）和贝尔尼尼的《圣朗基努斯》（见第 2 章图 29）。

古迪亚雕像除了头部两侧的小面积区域外，轮廓以外的部分几乎没有开放空间。作为雕像人物的古迪亚以正面示人，站姿笔直而僵硬。我们可以设想，古迪亚雕像完全可以放入一个矩形的盒子里，只有头部两侧的区域有些许开放空间。《大卫》也可以放进类似的矩形盒子之中，但《大卫》的开放空间比古迪亚雕像要多一些。例如，大卫的双腿之间有一块闭合的三角形空间；左臂下方有一块开放的三角形空间；肩膀上方有一块开放空间；右臂和身体之间也有一块狭长的不规则封闭空间。大卫扭转着头部，邀请观众与他一起看向某件物体。

《圣朗基努斯》的开放空间在这三件作品之中最多。朗基努斯的头高高抬起，手臂向上倾斜，这种姿势具有十足的动感，还有延伸视觉空间的效果。这种独特的动感是古迪亚雕像和《大卫》所不具备的。总而言之，从这三件作品的外观来看，古迪亚是一位稳重的统治者，大卫是一名警惕的战士，而朗基努斯则是一位充满感染力的宗教人物。

色彩与质地

色彩是艺术品中最引人注目的形式元素之一，也是大自然不可分割的一部分。现在我们看到的古希腊大理石雕像几乎全是白色的，没有任何色素的遗留或上色的痕迹，可实际上这些雕像最初都是彩色的。彩色雕像比纯白色雕像更加逼真、自然、富有感染力。

此前，我们介绍过杜安·汉森的《警察》（见第1章图3）。在这件作品中，警察身穿一件彩色制服，和现实中的警察制服一模一样。如果不上色的话，雕像看起来就没有那么真实了。如今的观众对白色大理石雕像已经习以为常，往往误以为白色是作品最初的颜色。但恰恰相反，白色大理石雕像只占雕塑作品的很小一部分。不过米开朗琪罗的《大卫》是一个特例，它以大理石为原材料，完成后作者并没有上色。可是，由于米开朗琪罗技艺精湛，这件乳白色的作品非常写实、逼真。布朗库西的大理石雕像《波嘉尼小姐（第一版）》（见第1章图2）与《大卫》相比则抽象许多，该雕像通体为白色，人物形象被简化，以几何图形表示。

色彩也可以用来表达情绪。在日常用语中，我们会以各种颜色来表示种种情绪。例如，“蓝色星期一”代表着忧伤，因为我们必须回去上班了；“白色的夜晚”代表着疲倦，因为我们无法入睡；“绿眼怪物”表示嫉妒；黄色代表着懦夫；愤怒的人被称为“愤怒的紫色”；“红到发热的女人”代表性感。黄色、橙色和红色属于暖色，蓝色和绿色则属于冷色。严格地说，黑色和白色并不算颜色，因为黑色意味着没有颜色，而白色是所有颜色的融合。阳光通过棱镜时被分解为可见光，可见光的光谱大致有7种颜色：红色、橙色、黄色、绿色、蓝色、靛蓝色（蓝紫色）和紫罗兰色。当光线穿过雨滴时会折射出七色光，形成彩虹，雨滴在这里的作用就类似于棱镜。

老勃鲁盖尔的绘画《收割者》（见第2章图28）以暖黄色为

主色调，金灿灿的麦子传神地表现出夏日正午的闷热感。《维纳斯的诞生》（见第 2 章图 26）以冷色为主色调，淡蓝色和淡绿色表现出维纳斯的疲倦和冷淡，而岸上的女人手拿一件粉红色斗篷，鲜艳的色彩表现出女人的活力与热情，与维纳斯形成鲜明对比。马奈的《奥林匹亚》（见第 2 章图 33）以浓郁的色彩和强烈的明暗对比著称，妓女作为代表象征着法国社会中一直被大众忽视的灰色阶层。《维纳斯的诞生》源于神话传说，风格含蓄、优美，远离日常生活，与表现社会现实的《奥林匹亚》截然不同。莫奈的《日出·印象》以混合色彩表现时间的流逝和瞬息万变。塞尚的《圣维克多山》使用明亮的蓝色、绿色、黄色和棕色，带来强烈的视觉冲击，突显画面的立体几何空间。

色彩与光线的结合可以产生某种特定的视觉效果或表达某种情感。例如，当阳光穿过哥特式大教堂的彩色玻璃时，自然光变成了彩色光，表示人类从物质世界进入了精神世界。拜占庭式教堂的《查士丁尼及其随从》的背景以金色镶片构成，当光线照射在壁画上时，教堂内部也变得金碧辉煌，仿佛神灵已经降临。在白南准的《钢琴曲》中，光线与色彩都由电子装置生成，视频与钢琴曲同时播放，紧紧吸引着观众的注意力。

对于绘画而言，光线十分重要。绘画在不同的光线下会产生扁平或立体的视觉效果，这取决于艺术家的技巧。《跳跃的公牛壁画》（见第 2 章图 15）并未使用明暗对比法。除了少数几处重叠以外，画面没有任何阴影效果，光线似乎直射下来且分布均匀。公牛和人物同处于平坦的蓝色背景之中，这样观众在欣赏壁画时便会更加专注。与《跳跃的公牛壁画》不同的是达·芬奇的《美丽的费蓉妮叶》(见第1章图6)，这幅作品使用了明暗对比法，画中女子的左脸颊和左手臂上有明显的阴影。观众在欣赏绘画时，感觉光线似乎是从画面左侧射入的，画面人物因此变得立体起来。

绘画的质地可以是自然形成的，也可以是刻意为之的。《美丽的费蓉妮叶》一画所使用的颜料质地光滑，并不厚重，但画中女子姿态立体，表情生动，所穿的衣物写实逼真，这归功于艺术家对色彩和阴影技巧的运用。凡·高在《星月夜》中使用了厚涂法，颜料被厚厚地涂在画布上，使画面起伏不平，独特的画面质地让《星月夜》充满了动感。波洛克的《汇聚》同样使用了厚涂法，其表面如同《星月夜》一般凹凸不平。但波洛克没有像凡·高那样描绘星夜中的天空、风景和村庄，而是将画面中可识别的物体一一抹去，只在画布上留下漫天飞舞的颜料。继《汇聚》之后，绘画的质地成为作品重要的特征。

质地也是建筑和雕塑的重要元素。一件作品的质地往往取决于其所处的文化背景、艺术家或赞助者的个人喜好的影响和所使用的材料。举例而言，英国的巨石阵以质地粗糙的石头为原材料，这些石头虽未经打磨，但也都经过初步的切割以确保巨石阵的高度相同。相比之下，巨石阵与古埃及金字塔的差异就十分明显。金字塔以切割精准的石灰岩为原材料，顶部还覆有金缕。这表明，古埃及所掌握的金属加工和建筑工程技术比古代欧洲更先进。将《沃尔道夫的维纳斯》与古迪亚雕像做对比，我们也会得出同样的结论：前者质地粗糙，后者质地光滑、流畅。

艺术品的构图

艺术品的构图指作品中形式元素的排列组合方式。作品的构图有几大原则，分别是平衡原则、式样与节奏原则、尺寸与比例原则，以及时间和运动原则。

一幅绘画作品若要条理清晰，则必须有平衡感，雕塑和建筑也是如此。平衡的结构才稳固、美观，具体可分为对称与非对称两大类：对称指图案左右两部分内容是镜像的；非对称比较复杂，虽然作品左右两部分内容不完全一致，但作品整体是平衡的。

我们以古迪亚雕像和《圣朗基努斯》为例来说明对称与非对称的区别。如果在古迪亚雕像中央画一条垂直线，我们会发现雕像左右两侧完全重叠，这意味着雕像是对称的；如果在《圣朗基努斯》中间也画一条垂直线，则会发现左右两侧并不能完全重叠，这意味着雕像是非对称的。仔细观察，我们发现朗基努斯朝右边（即观众的左边）略倾斜，他抬头看向天空，双臂呈斜面展开，右手紧握着刺穿耶稣肋部的长矛。这根长矛非常重要，它对朗基努斯的站姿起到了平衡的作用：朗基努斯的长袍、长矛和手臂组成一个闭合的三角形空间，使雕像左右两边的重量感一致。朗基努斯的左手朝左下方（即观众的右边）伸展，形成一个斜面，将观众的视线随手臂引到朗基努斯脚边的盔甲上。

可以说，《圣朗基努斯》通过置换形式和空间的方式取得了形式与结构的平衡，并且让朗基努斯作为雕像人物富有独特的动感，这是古迪亚雕像所不具备的。相比较而言，后者因对称性稍显呆板。

艺术的式样和节奏相互影响，相辅相成，并且通常具有一定的意义。观察《查士丁尼及其随从》，我们会发现成群结队地站在画面左边的士兵身穿同样的衣物，这种相似性被称为式样。式样的一个作用是分散观众的注意力，让观众的目光游走到其他人物身上。欣赏《查士丁尼及其随从》时，观众看到左边的士兵后会不自觉地往右边看去，于是就会看到比其他人物都高大许多的查士丁尼和大主教，让人明白这象征着他们的地位尊贵显赫。

法国亚眠大教堂（见第 2 章图 23）以垂直线为式样，教堂正面有许多直指天空的细小切面，尖尖的拱门和拱门上的雕像垂直于地面，使观众的目光随着教堂向上延伸直至苍穹。法国沙特尔大教堂的玫瑰窗（见第 2 章图 25）以圆形的几何图案为式样，其作用是引导观众从中心的圆开始一圈圈地往外看，欣赏每一圈图案的精美。

艺术品的尺寸和比例代表着作品的内涵。比较《第一门的奥古斯都像》（见第 2 章图 20）和君士坦丁大帝头像（见第 2 章图 21），我们会发现二者的尺寸都不小，但后者的比例比前者大许多倍。在《第一门的奥古斯都像》中，奥古斯都气概恢宏、不可一世。但和超过两米的君士坦丁头像相比，奥古斯都就显得弱小了很多。观众会感到，虽然奥古斯都权倾一时，但他并非高不可攀，还是有一定亲和力的。相比较而言，君士坦丁大帝则令人生畏。奥古斯都平视着前方的军队，而君士坦丁大帝的双眼则向上凝视。

两座雕像的差异反映出罗马帝国的兴衰。奥古斯都掌权之时，社会动荡，腐败滋生，他的上台为罗马带来了和平与稳定，因此他将自己打造成贤明君主的形象。君士坦丁大帝虽然不是暴君，但在他统治期间，罗马帝国已经由盛转衰，出现越来越多的问题。于是，他把自己打造成神灵一般的人物，企图以超人的形象维护帝国统治。

最后我们谈谈时间和运动，艺术品表现时间和运动的方式多种多样。以建筑为例，观众需要花费一定时间才能从里到外地仔细欣赏建筑物的空间细节。圆雕都是如此，观众需要全方位审视，方能理解其含义。虽然欣赏创作于平面的作品比欣赏建筑简单，但观众在欣赏前者时会陷入沉思，需要一定时间来理解其内容。

图片可以用帧数表示时间，如连环漫画、系列漫画，当然还可以将时间变化浓缩在图片内容之中。以《跳跃的公牛壁画》（见第 2 章图 15）为例，左边的白皮肤女孩在翻筋斗前就抓住了牛角，中间皮肤黝黑的男孩刚跳过牛角，准备落在右边女孩的怀里。跳跃的动作暗示着时间的流逝，人物的位置变化表现出时间的更迭。呈对角线的牛腿、低垂的牛角和流畅的人物造型表现出某种危险性，给画面带来动感。

在波提切利的《维纳斯的诞生》一画中，维纳斯缓缓上岸，岸上的女人手拿斗篷冲向大海，迎接女神的到来。与《跳跃的公牛壁画》不同的是，维纳斯没有左右跳跃，只是前后移动。波提切利以透视画法表现了维纳斯前后位置的改变，塑造出立体的画面空间，是文艺复兴时期绘画的特征。

到了 20 世纪，画家开始以立体几何描绘画面空间，即立体主义，代表作是毕加索的《阿维尼翁姑娘》。毕加索在这幅作品中运用了“同时显现”（simultaneous viewpoint）的绘画技巧：同时描绘物体或人物的正面、背面和侧面。以《阿维尼翁姑娘》最右边蹲坐着的女人为例，观众可以同时看到她的正脸和后背。

基督教艺术以类型学（typology）暗示时间。《查士丁尼及其随从》中的盾牌画有凯乐符号，这是一个典型的类型学符号，象征着君士坦丁大帝，它更早的时候是指耶稣。凯乐符号象征着皇权的神圣，暗指查士丁尼是罗马皇帝的继承者，这种把不同时期的人物和相似的历史事件相提并论的方法就是类型学。从耶稣开始，到 313 年，君士坦丁大帝使基督教合法化，再到查士丁尼的东罗马帝国时期，三人虽然分处于不同历史时期，但被放在同一框架内讨论，暗示了时间的流逝和三人之间隐含的联系。

在基督教艺术中，另一种体现时间变化的是玻璃艺术，下面以法国沙特尔大教堂北墙的玫瑰窗（见第 2 章图 25）举例说明。玫瑰窗中央的小圆圈描绘了圣母玛利亚与婴儿耶稣在一起的场景。小圆圈正下方的中央拱窗上画有玛利亚的母亲圣安妮，她手中抱着襁褓之中的婴儿玛利亚。中央拱窗两侧的玻璃画有《旧约》中的大卫王与所罗门王，他们是基督耶稣在《旧约》中的化身。再往外一圈的玻璃上画有祭司亚伦（Aaron）和麦基洗德（Melchizedek），前者是摩西（Moses）的兄弟，有时被比作耶稣；后者是把面包与葡萄酒送给亚伯拉罕（Abraham）的人，被喻为《最后的晚餐》中的耶稣。

仔细观察，我们会发现，玻璃窗的垂直方向上画有耶稣的血亲：祖母、母亲和耶稣自己；水平方向上画有与耶稣有关的历史人物，这些人物之间存在某种关系。因此，我们可以说玻璃窗在垂直方向和水平方向上形成了有序的统一，它将不同时期的基督教人物和历史事件按时间顺序串联起来。拱窗位于中央圆圈的正下方，体现着玫瑰窗存在的意义。

玫瑰窗与拱窗的关系类似于《旧约》与《新约》之间的关系，前者是后者的根基，后者是前者的延续。大卫王和所罗门王是历史上两位著名的贤君，而他们的下方是臭名昭著的暴君，如试图推翻大卫王的扫罗王（Saul），以及奴役犹太人，直到摩西将他们带出埃及的法老。贤明的国王站在邪恶的国王之上，这意味着正义战胜邪恶。位于邪恶的国王之间的是一枚法国皇室徽章，而徽章又与耶稣、圣母玛利亚和圣安妮位于同一条垂直线上，这有两种含义：一是为了彰显王室的谦逊，二是为了彰显王权的神圣。法国王室愿意与邪恶的国王站在同一条直线上，这体现出君主的谦逊；王室与耶稣站在同一条直线上，则强调了他们的神权统治。

随着电影、影像和电子音乐的发明，艺术品中表现时间的方式变得愈加多样。白南准的《钢琴曲》(见第 2 章图 38) 同时表现了视觉时间和音乐时间。达·芬奇认为，音乐和诗歌一样，要经过一段时间，人们才能更加理解其含义，因为音乐作品具有时间上的连续性。相比较而言，人们对于图像的理解是瞬间的。也就是说，理解图像的时间大大短于聆听一段音乐或者朗读一首诗歌所需要的时间。作为视频艺术家，白南准创作出《钢琴曲》以挑战达·芬奇的观点。在《钢琴曲》中，观众一边观看电视上图像的变化，一边聆听钢琴曲，音乐持续的过程就是图像持续的过程。白南准因此证明，图像也可以通过时间来表达含义，具有时间上的连续性。

解读作品的含义

此前我们已初步介绍了描述艺术品的术语和词汇，接下来将要介绍解读艺术品含义的相关术语。这些术语被称为艺术史分析的方法论 (methodologies)，包括形式主义、图像学、女性主义等。形式主义 (Formalism) 以分析作品的形式为内容，这在此前的章节中已有所讨论。举例而言，米开朗琪罗的代表作《大卫》的形式庄严、稳固，与他作为佛罗伦萨共和国的守卫者的形象一致；古迪亚雕像的形式拘谨、刻板，表现出最高统治者的权威；《圣朗基努斯》的人物站姿不稳，表现出朗基努斯从一介刽子手转变为一名虔诚的基督徒，内心充满不安。

除了形式主义，下面将介绍图像学、女性主义分析法传记和自传法、精神分析法和符号学这几种方法论，每种方法论都为观众提供了全新的分析视角，以便将几种方法论结合起来分析作品，全面而系统地理解作品的含义。

图像学

将《查士丁尼及其随从》和老彼得·勃鲁盖尔的《收割者》进行比较，我们可以研究图像如何表现经济、政治和社会阶层的差异，发现图像的多重意义和复杂性。《查士丁尼及其随从》高悬于圣维塔莱教堂的后殿，观众必须以仰视的姿势来欣赏这幅壁画。这是一种特殊的设计，意在突出皇权的居高临下。此外，壁画上的人物完全占据画面。相比之下，《收割者》的画面人物要渺小得多，他们主要是农民，要么在干活，要么在吃饭，要么在休息。在看《收割者》时，观众可以理解农民的感受，画作所描绘的场面也不会给观众带来视觉上的不悦。

相反，当观众看向《查士丁尼及其随从》时，会产生一种本能的抗拒，仿佛受到逼迫一般，必须直视画面。这是由于画面人物占据了过大的画面空间，观众因此会产生一种敬畏感。总之，这两幅作品的风格和构图完全不同。二者的差异体现出统治阶级与被统治阶级的对立、资产阶级（生产资料拥有者）与工人阶级（无产阶级）的对立。

女性主义

正如我们所见到的那样，当代艺术市场完全受经济因素的驱动。初出茅庐的艺术家几乎找不到赞助，他们的作品无人问津，急需资金时不得不以极低的价格出售自己的作品。可是，一旦作品受到市场的肯定，被视为利益丰厚的投资，作品的价格就会大幅飙升。尽管如此，艺术家也很少从此获益。虽然作品被转售数次，但他们几乎拿不到版税，这一切会让他们有种被异化的感受，不过许多艺术家还是相信自己的作品早晚能够得到认可。

经济因素对女性艺术家的创作产生了一定影响。按照传统观点，女性艺术家的艺术造诣不如男性艺术家，女性艺术家作品的售价一直远远低于男性艺术家作品的售价。女性主义哲学是近代的产物，它伴随着 20 世纪的女权运动而来。尽管女性艺术家的地位不高，但千百年来女性一直在艺术中扮演着重要的角色。历史上，才华横溢、备受赞誉的女艺术家不可枚举，但她们的作品无一被保存下来。文艺复兴时期之前，艺术家并不在作品上署名，因此艺术家的真名无人知晓。

20 世纪以后，女性主义艺术史学家开始研究女性在艺术中所起的作用，认为中世纪地位较高的女性以资金赞助的方式推动了艺术的进步。例如，名为让娜·德埃夫卢克斯（Jeanne d’Évreux）的法国贵妇慷慨赞助了当地教堂的修葺与翻新，法国皇后布朗歇（Blanche）赞助了沙特尔大教堂北墙玫瑰窗的修建。此外，一些历史学家还认为，中世纪的挂毯均由妇女缝制，中世纪插图手抄本也由修道院的修女缮写。

文艺复兴时期，在人文主义运动的助推之下，更多的女性艺术家涌现出来。此时大多数女性艺术家没有受过专业训练，仅是在家中学习，其艺术地位也比不上男性艺术家。在《艺术家的生活》(*Lives of the Artists*)一书中，乔尔乔·瓦萨里赞扬了女性画家和雕塑家，他称女性艺术家才华横溢，艺术创造力丝毫不输男性。在漫长的古代，女性是不被允许描绘男性裸体的。因此，女性艺术家的创作主题备受限制，她们大多只擅长静物画和肖像画。于是，女性艺术家作品的市场比男性艺术家要小得多。

19 世纪，像美国印象主义画家玛丽·卡萨特（Mary Cassatt）这样著名的女性艺术家，还只能在当时屈指可数的几家招收女性的巴黎艺术学校里学习描绘男性裸体的技巧。20 世纪初，美国诞生了两位重要的女性画家，分别是抽象主义画家乔治娅·奥基夫（Georgia O'Keeffe）和超验主义画家阿格尼丝·佩尔顿（Agnes Pelton）。20 世纪六七十年代以后，随着女权主义运动的不断深入，世界各地出现了更多的女性艺术家。

女性主义艺术史以研究艺术品中女性形象的呈现为主要内容。一种学术观点认为，欣赏艺术品的观众一直都被默认为男性，因此作品中的女性形象一直在迎合男性的审美，即所谓的男性凝视（male gaze）。

我们以公元前 4 世纪的雕塑家普拉克西特列斯（Praxiteles）创作的大理石雕像《尼多斯的阿佛洛狄忒》（*Aphrodite of Knidos*，见图 43）来举例说明。这幅作品描绘了一个理想化的女性裸体，阿佛洛狄忒被人看到沐浴后一丝不挂的样子，害羞地遮住了自己的身体。相比之下，马奈的《奥林匹亚》（见第 2 章图 33）中的妓女要大胆得多。她与阿佛洛狄忒和波提切利笔下的维纳斯一样身体全裸，但毫不掩饰、毫不羞愧，她既不像阿佛洛狄忒那样害羞，也不像维纳斯那样病恹恹的。可以说，对观众而言，《奥林匹亚》的裸女是一种全新的视觉挑战和冲击。

学者琳达 · 诺克林（Linda Nochlin）以女性主义分析法解读了德拉克洛瓦的绘画《自由领导人民》（见第 2 章图 32）。诺克林在分析作品中自由女神的呈现方式后认为，这位自由女神并不是真实的女性人物，而是基于神话的寓言式人物。男性画家虚构出这样一位女性，并让她来领导大众发起革命，反映出男性在潜意识中拒绝接受女性真实的样子，而且不愿意把权力赋予真实的女性。

诺克林以同样的视角对大卫的《荷拉斯兄弟之誓》（见第 2 章图 31）也做了分析。她指出，该作品体现出明显的男女二元对立：占据画面正中央的男性威武雄壮，缩成一团、躲在角落里的女性则懦弱胆怯。人物的站姿也体现出这种二元对立：男人高举手臂和宝剑，三者的组合形成坚固的三角形，站在中央拱门之下尽显爱国热情；女人则蜷曲着肢体，显得软弱无力，缩在一旁不知所措。

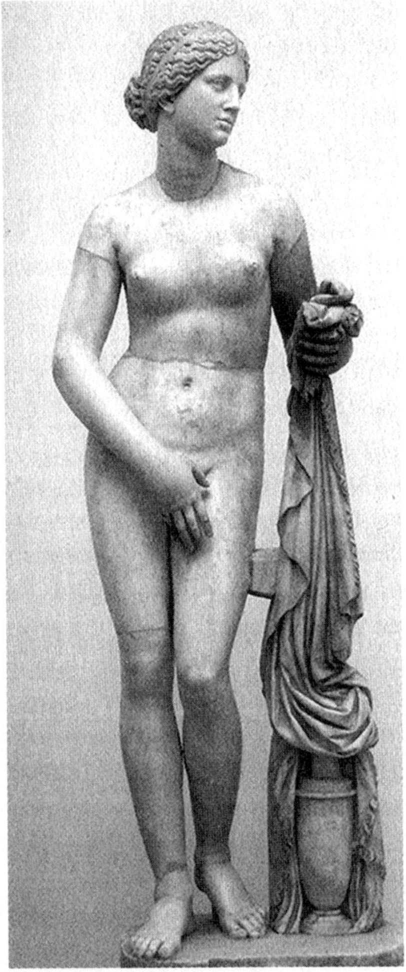

图 43

普拉克西特列斯，《尼多斯的阿佛洛狄忒》，约公元前 350 年，大理石，高 2.05 米，意大利罗马梵蒂冈博物馆。

从艺术家的角度理解艺术品

图像分析法挖掘作品的图像意义和内涵，女性主义分析法从性别的角度解读艺术品。除此之外，传记和自传分析法可以让我们了解艺术家本人。我们对艺术家的生平了解得越多，就越能理解作品所传达的情感，也越能理解艺术家的创作动机。

接下来，我们以米开朗琪罗、毕加索和凡·高为例，阐述传记和自传分析法的作用与意义。除了现存的档案记录以外，这三位艺术家的作品和自传中透露了大量的个人信息。阅读艺术家的自传，我们可以走进他们的内心世界。米开朗琪罗除了专攻雕塑艺术以外，也写过诗歌，他的部分作品被完好地保存了下来；毕加索的个人传记和绘画成为供后人研究的文本；凡·高给他的弟弟写了很多封信，这些信件记录了他对生活的理解和对艺术的看法。

米开朗琪罗的《大卫》(见第 2 章图 27) 是一件自传式的作品，它蕴含了艺术家本人的心理活动。在此之前，我们以图像分析法解读过《大卫》，接下来我们试着以精神分析法解读这件作品。粗略地观察，大卫是一名年轻的男子，他一手拿着石头，一手拿着弹弓，笔直地站着，姿态看似放松。但如果仔细观察大卫颈部和躯干的细节，我们会发现他其实很紧张。

大卫的人物形象源自《圣经》中大卫与巨人哥利亚搏斗的故事。大卫没有穿盔甲，所使用的武器只有手中的石头和弹弓，但最终，大卫战胜并斩首了巨人哥利亚。这座雕像原本打算被放置在佛罗伦萨大教堂，但最终却被放在佛罗伦萨旧宫的门口。我们此前提到过，这是因为《大卫》具有政治象征意义。

15 世纪，佛罗伦萨共和国一直受更专制的米兰公国入侵的威胁。由于大卫是《圣经》中的年轻英雄，他带领自己的人民抵御并打败了强大的敌人，佛罗伦萨市政当局因此选择大卫作为佛罗伦萨的精神领袖。此外，在文艺复兴时期，大卫还是被奉为英雄的年轻人之一，他因勇气获得了永久的名誉，这反映了人们对个人及其成就的新兴趣，而不再只是关注信仰与神。那时的艺术家认为人是宇宙的中心，而这也完全符合古希腊艺术对人和人性的赞美。

除了从政治、宗教和哲学的层面来解读米开朗琪罗的《大卫》，我们还可以采用传记和自传分析法来解读，雕像与艺术家的关系也值得进一步探讨。采用这种方法解读作品时，我们关心艺术家如何将自我投射在作品中，以及在没有足够证据作为支撑的前提下，我们的解读又在何种程度上成立。如今，我们对米开朗琪罗的了解在很大程度上要归功于瓦萨里，正是他的那本《艺术家的生活》使我们了解了许多艺术家的个人生活和奇闻逸事。《艺术家的生活》主要讲述艺术家的生平故事，时间跨度约为三个世纪，从 13 世纪末的拜占庭帝国到 16 世纪末的意大利风格主义（Mannerism）时期皆有涉及。

对于佛罗伦萨共和国而言，《大卫》的意义不言而喻；对于米开朗琪罗个人而言，大卫亦是精神寄托。在一张画有大卫手臂的草稿上，米开朗琪罗写道："大卫的弹弓，我的弓。""弓"是米开朗琪罗的雕刻工具。他把弓比作弹弓，那么我们可以理解为，米开朗琪罗在这里自比大卫。有趣的是，米开朗琪罗创作《大卫》所用的大理石因为体积大、开凿难度大而被戏称为"巨人"。因此，我们可以这么说：米开朗琪罗化身大卫，战胜了自己的"巨人"。

想要在更深的潜意识层面上分析米开朗琪罗的《大卫》，我们可以运用精神分析法，这里不得不提米开朗琪罗的父亲。瓦萨里在《艺术家的生活》中对米开朗琪罗的父亲有所描绘。这是一个残暴的父亲，时常辱骂、殴打儿子，并试图阻止米开朗琪罗成为雕塑家。父亲认为，雕塑是低级的职业，而绘画比雕塑高级，因此只同意儿子去画家那里当学徒。

米开朗琪罗在 16 岁的时候，他的艺术天赋就已得到显赫一时的美第奇家族的垂青。美第奇家族将自家大门向米开朗琪罗敞开，让他随意翻阅、浏览、学习家族收藏的艺术品，期望培养出一位优秀的雕塑艺术家。我们可以说，米开朗琪罗与父亲的关系有点儿俄狄浦斯情结。米开朗琪罗在获得美第奇家族的恩惠之后，尤其在获得洛伦佐·德美第奇（Lorenzo de'Medici，后世称之为"伟大的洛伦佐"）的赏识后，果断挣脱了父亲的束缚，找到了实现自己艺术理想的途径。从某种程度上说，洛伦佐取代米开朗琪罗的生父成为他艺术生命的"父亲"。这位"父亲"富有远见卓识，慷慨赞助米开朗琪罗学习艺术，帮助他成为流芳千古的雕塑家、画家和建筑师。

毕加索的绘画《阿维尼翁姑娘》（见第 2 章图 37）的灵感部分源自他年轻时一次探访巴塞罗那妓院的经历。《阿维尼翁姑娘》的初稿中还有一名年轻的医学生，其实代表着作者本人，但毕加索在终稿中删掉了这名学生，只留下五名容貌扭曲而变形的妓女。这样，观众看到的内容不是一个故事，而只是女人的模样，绘画的叙事性因此消失。在与医学生一样的处境之中，观众走进这间充满性诱惑的房间，房中的女性容貌诡异，五官混乱，身体呈几何形，给人一种奇特的新鲜感和惊悚感，而这正是作者的感受，因为这是毕加索第一次接触妓院和性。

毕加索的初次性经历在有意识或无意识间唤醒了他的童年经历或性幻想。孩子对性的认识一般源于想象父母或其他成年人之间的性行为。分娩是性的自然结果，但毕加索在传记中把分娩与地震相提并论，这是因为在他三岁那年，妹妹出生的当天发生了大地震。毕加索成熟期的著名反战画作《格尔尼卡》充满了混乱的暴力元素，我们可以推测《阿维尼翁姑娘》或许也是受这种思想的影响，人物形象才被描绘得如此支离破碎。

与米开朗琪罗的父亲相反，毕加索的父亲全力支持儿子的艺术事业。据说毕加索的父亲也曾是一位艺术家，但名气不大，才华也不出众。在认识到儿子的天赋后，毕加索的父亲就放弃了绘画，把画笔传给了儿子，鼓励儿子创作。有这样一位父亲，毕加索自然没有经历过俄狄浦斯式的斗争，他不需要挣脱父亲的束缚去寻找艺术之路。

将米开朗琪罗与毕加索进行对比，我们会发现二者的差异源于他们与父亲的关系不同。毕加索一生极其高产，很少遇到创作瓶颈，也很少压抑自己。而米开朗琪罗一生都与他的主要赞助人教皇朱利叶斯二世（Julius Ⅱ）争吵不断，气得他数次留下未完成的作品而离开。如果我们把教皇视为米开朗琪罗的另一位“父亲”，那便可以说他一生都无法与父亲和解。

同样，画家凡·高的人际关系也不佳，而且一贫如洗，终身未娶。凡·高出生于荷兰，起初他想追随父亲进入神职部门工作，但后来只在比利时做了一段时间的矿工。凡·高喜欢工人和农民，这也是他画作的重要主题。凡·高的父亲并不了解儿子，不相信儿子有什么艺术才华。在他看来，凡·高性格古怪、爱好奇特，因此一直没能当上牧师。凡·高在决定当一名职业画家后，去了叔叔在比利时开的艺术品经销店工作，他也曾短暂学习过艺术，还在英国的一间学校担任过一段时间的教师。最后，凡·高和弟弟一起搬到了巴黎。

在《星月夜》中，凡·高描绘了梦幻般的荷兰乡村夜空。凡·高在创作这幅作品时已经因精神崩溃住院。《星月夜》是此时凡·高的心灵写照：画面洋溢着强烈的自由感，体现了画家内心激烈的冲突。群星发出夺目的亮光，照耀漆黑的夜空。一轮明亮的黄橙色月亮挂在一旁，大片云朵从左到右螺旋式地飘过天空，山丘从右向左倾斜着翻滚而下。两种自然力量相互对峙，画面极富动感，让人感到天旋地转。山谷脚下有一座教堂，教堂的尖顶垂直而下，稳固了画面构图，最左边的两棵深绿色柏树则稳固了观众的视线。

有人认为，图画正中央的教堂代表着凡·高的父亲，由于凡·高没有继承父业，教堂意味着他对父亲的抗拒与挣脱。左边的两棵柏树象征着凡·高与弟弟的关系，柏树使构图完整，对动感的画面起到了固定作用，也可以理解为弟弟安稳了凡·高的内心，给他带来了安全感，成为他的精神支柱。通过分析艺术家的精神状态和内心冲突，我们对《星月夜》的意象有了更透彻的理解，也更能欣赏凡·高对色彩和事物形状的天才般的把控，也反映了他被送进医院后的焦虑。

符号学与解构主义

符号学是一种试图从艺术中寻找隐藏含义的分析法，它与精神分析法类似。但符号学探讨的是艺术品本身的含义，而不是艺术家头脑中的潜意识。在符号学中，符号（a sign）由能指（a signifier）与所指（a signified）构成。能指是有特定含义的符号，如声音或图像；所指是符号所代表的含义。每一个符号都有意义，这个取义的过程就是我们所说的符号学。符号学最初属于语言学的范畴，但如今它也被广泛应用于视觉艺术的分析。

例如，在勒内·马格利特的《形象的背叛》(见第 1 章图 1) 中，“烟斗”是一个单词，它由“p-i-p-e”这个拼写和发音组成，我们称之为能指，其所指是吸烟用的带柄的碗状物体。值得注意的是，能指和所指二者之间的对应关系是随机形成的，而不是固定的，人们根据约定俗成的习惯赋予概念以发音和拼写。因此，符号学与精神分析法最大的区别是，后者的符号是固定的，不是随机产生的。

如果以精神分析法来解读马格利特的烟斗，我们可以把它解读为女性的象征，因为它的形状是饱满的圆弧形，属性是容器。这种解读初听上去可能有些牵强，似乎与作品风马牛不相及，但马格利特的一幅幽默画证实了这种解读的合理性。在那幅画中，一名男子正在抽一根烟斗，这根烟斗与《形象的背叛》中的烟斗是同一根。男人的鼻子变成了阴茎，努力朝烟斗伸进去。同样的烟斗形象出现在马格利特创作于 1935 年的题为《哲学家之灯》(*The Philosopher's Lamp*) 的画作中。

法国哲学家雅克·德里达 (Jacques Derrida) 致力于研究符号学，他的主要贡献是提出了解构主义 (Deconstruction)。德里达认为，意义总被延迟，因为它不是固定的。一个符号可以引申出另一个符号，这种循环无穷无尽，因此意义无法被立刻说明。德里达不断挑战传统的假设，以开辟新的研究途径。他自己举了一个例子，序言是书的一部分吗？如果不是，那是因为序言位于书的前端，其作用是介绍全书，因此该部分不算书的内容；如果是，那是因为序言是书的一部分，因此也算书的内容之一。

能指与所指之间的关系是随机的、约定俗成的，而符号与它代表的事物之间的关系却是自然的。例如，在米开朗琪罗的《大卫》中，巨人哥利亚与大卫相比要高大许多，这暗示着年长的父亲和年幼的儿子的关系，也是作品中俄狄浦斯情结的由来。在典型的俄狄浦斯式父子关系中，男孩爱他的父亲，但希望父亲消失，以便和母亲保持一种排他的关系。男孩的这种愿望不为世俗伦理所允许，且男孩害怕父亲报复，于是幻想阉割父亲以满足自己对母亲的占有欲。

俄狄浦斯情结往往以异性恋告终，男孩最终认同他的父亲，放弃了对母亲的依恋并取得世俗的成功。这也正是大卫的结局：他不仅打败了哥利亚，还打败了背叛他的扫罗王。大卫为他的父亲征服了一个王国，自己成为国王，并且与女性芭谢巴（Bathsheba）成婚。从精神分析的层面来看，《大卫》所体现的生理紧张是精神紧张，这种精神紧张源于大卫即将与哥利亚展开恋母情结之战。

符号学与解构主义正面反驳了以上观点。德里达认为，作者从未在作品中明确表达自己的创作意图，这与传记和自传分析法、精神分析法截然不同。德里达若见到本章提到的《尼多斯的阿佛洛狄忒》（见图 43）也许会问，这幅作品是否真的代表象征爱与美的女神阿佛洛狄忒？德里达认为，尽管标题名为阿佛洛狄忒，但这并不一定是作品的内容。

与德里达的观点相吻合的是马奈的《奥林匹亚》。奥林匹亚是希腊神话中的女神，而画作《奥林匹亚》描绘的却是模特维多琳·梅伦德（Victorine Meurend）。如果画家以某位模特为原型创作了一幅作品，但给这幅画起了另一个名字，那么名字就代表了绘画的内容吗？梅伦德多次给马奈当画模，在马奈的许多幅作品中都有出现，而且形象多种多样，但这些形象都是她本人吗？德里达会问，她到底是梅伦德还是奥林匹亚？

马奈的《草地上的午餐》（*The Luncheon on the Grass*）同样以梅伦德为模特，与《奥林匹亚》一样，一经推出就引起了轰动。对这幅作品，德里达也会问，画中女人是谁？德里达自问自答地说："梅伦德既是奥林匹亚，又不是奥林匹亚。"这个回答意在指出，没有人可以确定画中女人的身份。一言以蔽之，马奈作品和普拉克西特列斯作品中的人物形象皆是无解的。可以说，《尼多斯的阿佛洛狄忒》中的女人既是作者的情人也是希腊女神，《奥林匹亚》中的女人既是梅伦德也是奥林匹亚。

当然也有反例。伦勃朗自画像（见第 2 章图 30）中的人物身份准确无疑，就是作者本人，其主题比凡·高的《星月夜》与米开朗琪罗的《大卫》都更鲜明，尽管上述三幅作品都是作者的自我投射。以德里达的观点来分析《警察》与《布里洛盒子》，我们可以这么说：《警察》中的警察并不是真的警察，《布里洛盒子》中的盒子也不是真的盒子，它们只是艺术家的产物。既然如此，那么波洛克的《汇聚》又该如何解释呢？除了画面内容以外，波洛克还用同样的颜料创作了一个画框。画框并没有被安装在作品上，而是被单独放在工作室里并用塑料纸罩住。直到今天，画框还躺在工作室的地板上。我们如何解释画框呢？这个画框究竟在表达什么呢？

德里达很重视，也质疑塞尚关于绘画的真相的陈述，他想弄清楚绘画究竟有没有真实性。马格利特的《形象的背叛》告诉我们，绘画作品是会撒谎的。但是，图像必须有一定的真实性，否则我们就不能称之为艺术了。《纽约客》漫画作者、美国艺术家索尔·施坦伯格（Saul Steinberg）认为，画家想要画出优秀的作品就必须"讲真话"。布朗库西否认这种看法，他认为艺术创作是"完美的犯罪"。换言之，艺术家创作作品具有某种欺骗性，违反了传统的法律。

列奥·施坦伯格在1963年的一场研讨会上也提出了类似的观点（详见第1章的"艺术是反馈"），他认为流行艺术的艺术家一直在耍诡计、玩游戏，或以这种心态进行创作。总之，艺术创作和艺术品存在矛盾，正如真实性与欺骗性、工作与娱乐。并且，这种矛盾也正是《形象的背叛》所表达的内容：烟斗的形象写实逼真，但作品上的文字却告诉观众，再逼真的形象也只是一个谎言，使烟斗被解构。《形象的背叛》之所以受到极大的追捧与喜爱，正是因为它精确地道出了艺术创作的复杂性与理解艺术的困难性。真实与虚假之间的界限在此时变得模糊，观众在被戏弄的同时会心一笑。

要点总结

1. 根据雕像人物的腿部、翅膀和身体器官的位置大概猜测上面的线条代表什么，是古近东地区雕塑艺术的典型特征，即“风格化”。

2. 法国亚眠大教堂属于哥特式建筑，其垂直面高耸入云，使教堂的正面看起来神性十足。

3. 毕加索在《阿维尼翁姑娘》中使用了“同时显现”的绘画技巧，即物体或人物的正面、背面和侧面都可被看到。

4. 艺术家创作自传式作品让后人得以了解他们的个人信息和内心世界。

5

艺术的目的

大地艺术品《螺旋形防波堤》想表达什么?

人们最初如何认识涂鸦艺术?

流行艺术何时兴起?

谢里曼宝藏案是什么?

人类创作艺术有种种理由，因此理解艺术的创作目的困难重重。艺术创作有时为个人兴趣，有时为布置环境，有时为叙述历史、宗教和个人故事，有时为彰显权威，有时又为延长生命和对抗死亡。类似的理由也可以解释人类委托创作、购买艺术品以及投资和炫耀艺术品的行为。

艺术就在我们周围，尽管我们不是总能分辨它，也不是总能时时理解它的含义。艺术创作的目的和意义往往是多方面的，部分作品兼有宗教与政治意义、个人与公众意义、经济与美学意义。1937年，荷兰画家彼埃·蒙德里安（Piet Mondrian）写道：

> 艺术不是为任何人创造的，但同时也是为每个人创造的。试图快速理解艺术是愚蠢的，因为艺术非常复杂，不同程度的演变进化在它身上同时存在，现在与过去和未来共存。

装饰自己和所处的环境

自从人类文明诞生以来，人们就不断地装饰自己，用各种方式粉饰自己的容颜，或文身，或穿戴珠宝，或做发型，或根据不同的场合穿着各种各样的衣服。古人和现代人都会在开战前用颜料涂满身体以驱逐敌人。好比在早期的英国，当地人在战斗前会在身上涂满蓝色颜料，目的是吓跑恺撒大帝和他的罗马军团。古埃及的妇女对装饰也很重视，她们精心化妆并佩戴首饰，不过这是为了吸引目光而不是驱逐敌人。

千百年来，时尚一直是人类经久不衰的主题。个人的打扮风格能体现出身份地位的差异。例如，统治者总是戴着头冠，这方面最经典的例子莫过于圣维塔莱教堂壁画上的查士丁尼王冠（见第 2 章图 22）了。

人类为室内空间创造了大量的艺术品。不管是生活空间、工作空间，还是休闲空间，这些艺术品的作用各不相同。第 2 章图 15 中的公牛壁画出自克诺索斯王宫。公牛祭祀是希腊神话中的传统仪式，通过此仪式，弥诺斯人对雅典朝贡提出要求，同时彰显弥诺斯王朝在地中海的霸权。同样，亚述帝国的拉玛苏（见第 2 章图 12）既是装饰宫殿入口的艺术品，也是对来访者的一种提醒，意在炫耀国王威势的强大。

古罗马时期，壁画和马赛克是私人住宅的装饰品，壁画、彩色玻璃和雕塑被西方教堂接纳，目的是向广大的不识字的人们宣传基督教教义。一个例子是法国亚眠大教堂（见第 2 章图 23），其正面有许多雕像，其中一座雕像《美丽上帝》描绘的是正在布道的上帝（见第 2 章图 24）；另一个例子是沙特尔大教堂的玫瑰窗（见第 2 章图 25）。伊斯兰教禁止具象艺术，因此伊斯兰艺术家以精致的抽象曲线图案模仿大自然来装饰清真寺。伊斯兰手稿以精美繁复的书法强调真主之言的精妙，这一点和基督教艺术相似，不过后者会同时使用具体和抽象的表现方式。

至于室外艺术，最常见的有雕塑、喷泉和花园设计。以安迪·戈兹沃西的《跨过拱门》（见第 3 章图 41）为例，它是置身于景观中的传统式建筑。但这个拱门是独立的，周围没有任何其他建筑物或墙壁，这违反了传统的拱门建筑的特征。戈兹沃西将人造结构置于自然环境之中，这种做法改变了环境，与大地艺术的手法如出一辙。大地艺术的代表作品有罗伯特·史密森位于犹他州盐湖城的《螺旋形防波堤》（*Spiral Jetty*）和沃尔特·德玛利亚（Walter de Maria）位于新墨西哥州的《闪电场》（*Lightning Field*）。

1970 年，史密森使用大量的泥土和黑色玄武岩创作了巨型作品《螺旋形防波堤》，这个防波堤从湖边一直延伸到水中，作品内部的水域含有藻类物质，因而产生一种渐变的红色，与更远处的深蓝色水域区别开来。史密森作品的主题是不断变化的自然动态，因此这幅作品反映了“大自然永恒存在”的观点。

1999 年是史密森逝世 26 周年，当年美国迪亚艺术基金会（Dia

Art Foundation）收到史密森的《螺旋形防波堤》作为礼物。从那以后，它一直与美国陆军工程兵团合作，致力于保护《螺旋形防波堤》遗址和它周围地区的生态环境。同时，迪亚艺术基金会成功阻挠了各种工程，包括从太阳能蒸发池中提取硫酸钾的项目申请，这项工程会带来干旱和沙尘暴，从而威胁遗址的生态环境。此外，迪亚艺术基金会还阻挠了距现场 8 千米范围内勘探石油的项目申请。到目前为止，犹他州和其他州的合作成效显著，成功维持了遗址的现状，并且确保环境长期不会受到破坏。

许多像《螺旋形防波堤》一样规模庞大且位于公共土地之上的艺术品，都需要政府与财政当局协力合作才得以保存。沃尔特·德玛利亚于 1977 年创作的《闪电场》是大地艺术的代表作，它体现出艺术对环境的影响。这件作品位于新墨西哥州的沙漠之中，是一片 1.6 米长、1 米宽的电网群。电网由 400 根不锈钢杆子组成，彼此相距 66 米。每一根电线杆直径为 5 厘米，平均高度约为 6 米，所有电线杆的末端连起来形成一条水平线。每根杆子的末端都是金属做的尖头，可以吸收闪电并导电。

《螺旋形防波堤》的最佳观赏角度是从高空俯视或者在岸边直视，但《闪电场》不同，它需要观众在雷暴天气里、电闪雷鸣之际从远处眺望，这时可以看到闪电击中金属棒的壮观情景。《闪电场》的所属权归于迪亚艺术基金会，开放时间被定为每年 5 月到 10 月的傍晚。除了迪亚艺术基金会的支持外，《闪电场》不断收到各种基金会、个人和新墨西哥州的赞助。

多年前，纽约大都会运输署（MTA）为了解决纽约地铁脏乱的问题，决定委托艺术家对地铁进行艺术改造，这些项目成了公共艺术的经典杰作。对于纽约地铁的成千上万名乘客来说，被艺术品装饰过的地铁不再那么肮脏可怕。可见，艺术增强了搭乘地铁的人的审美乐趣，使他们不再发愁。知名艺术家和新兴年轻艺术家的作品被不同的地铁站选用，艺术材料包括钢铁、青铜、玻璃、瓷砖、陶瓷和马赛克等，这些作品风格各异，趣味不同。

2009 年，曼哈顿哥伦布环路第 59 街地铁站按照概念艺术家索尔・勒维特的指示进行装修，可惜在此之前的两年，勒维特已经去世，但他的艺术因此得以永生。该作品《旋转》（*Whirls and Twirls*）由 6 种颜色的 250 块明亮瓷砖组成，瓷砖的颜色分别是红色、黄色、橙色、蓝色、绿色和紫色。与勒维特其他作品不同的是，这幅作品正是为了地铁站量身打造的。它占据一面 16 米长、3 米多宽的大墙，墙面的正对面是一段宽阔的楼梯。瓷砖鲜艳的色彩和动态的曲线似乎在垂直面和水平面上流动，让地铁站内部一下子充满了活力。

颇具讽刺意味的是，用艺术品装饰地铁站的想法源于 20 世纪七八十年代的涂鸦运动。当时的艺术家，如基思・哈林（Keith Haring）和让 - 米切尔・巴斯奎特（Jean-Michel Basquiat）直接在地铁墙壁上涂漆，或绘制类似于涂鸦的图案。只有少部分人认为涂鸦改善了本来并不美观的城市空间，大多数人还是认为涂鸦是对地铁、人行道和灯柱的人为破坏，导致涂鸦艺术遭到公众的强烈排斥。

艺术的信仰目的

数千年来，艺术创作的一个重要目的是宗教，以便和神祇建立联系。在某种程度上，艺术激发人类的好奇，把人类从平凡的生活中解放出来。因此，可以说所有的艺术都有某种宗教性质或者蕴含了某种精神。宗教艺术往往有与之匹配的特定信仰体系，通常由宗教组织委托创作。

如今，虽然我们并不知道新石器时代巨石阵的准确来源，对于西欧其他的新石器时代遗址也知之甚少，但巨石阵上的符号是一种表达，它试图表达人类与恒星、太阳和月球运动的某种关系，体现了新石器时代的人类试图连接更宽广的宇宙空间。古美索不达米亚的人们建造庙塔以吸引神灵保护他们的城市。在古希腊的雅典，帕特农神庙是雅典城与守护神雅典娜之间沟通的桥梁。神庙东立面墙上庆祝雅典娜诞生的雕像，与内墙上关于泛雅典娜节日的彩绘反映出雅典人对雅典娜的崇拜，而神殿内由黄金和象牙制成的巨大祭祀雕像体现出雅典娜作为守卫雅典的武士的威严。

在中世纪的欧洲，每座哥特式大教堂都是基督教世界的缩影，是新的耶路撒冷，高耸的穹顶和彩色玻璃让人仿佛置身于天堂之中，美的震撼唤醒信徒心中虔诚的信仰，期盼永恒的未来。同时，玻璃窗所描绘的基督教故事则带给信徒关于人性的深思。大教堂建筑以其精美卓越的雕塑与玻璃艺术表现了神性与人性的双重美感。圣彼得大教堂的《圣朗基努斯》（见第 2 章图 29）体现了反宗教改革时期的艺术标准。

另外，宗教艺术的创作动机往往和死亡、延长生命有关。这方面最典型的例子莫过于古埃及的金字塔（见第 2 章图 13）。金字塔内保存着法老的木乃伊，这些木乃伊采用了特殊的防腐保存方法，尸身不腐旨在确保来世的富足。除了木乃伊，金字塔墓穴中还有许多法老的雕像和日用品，体现出法老富足优渥的生活。当木乃伊遭到破坏时，古埃及人就会制作许多法老雕像来替代这些木乃伊，因为他们相信雕塑代表法老的真身，这体现出古埃及人对艺术意象的信任。

知识拓展

兵马俑

除了西方人，东方人也渴望死后得到永生。最能体现这种想法的例子是公元前 3 世纪的秦始皇陵兵马俑。为了确保权力能永远延续下去，秦始皇下令建造了一支和真人一般大小的兵马俑军队在他死后保护自己，兵马俑包含战马以及各个等级的士兵。最初的兵马俑是彩色的，士兵的样貌和姿势各不相同，每一座雕像都灵动逼真、栩栩如生，给人一种这是由真人组成的军队的感觉。兵马俑出土于中国西安市，目前共挖掘出土 8000 多个兵马俑，西安也因兵马俑成为世界瞩目的考古遗址和旅游景点。

古希腊人非常重视丧礼，他们相信，只有办过丧礼，尸身才能找到通往阴间的路并得到安息，而不需要被做成木乃伊或一支兵马俑军队。伊特鲁里亚文明于公元前 1000 年左右在意大利半岛繁荣起来，直到公元前 1 世纪被罗马吞并。那时的人们崇尚火化的方式，尸体被火化后，再把骨灰放在石棺或骨灰瓮里。石棺大小不一，取决于死者财富的多寡。石棺的盖子通常以死者的肖像画作为装饰，好像他们还活着一样。墓穴墙壁上也描绘着死者的各种画像，表现死者生前参加宴会、载歌载舞的样子。一些小的骨灰瓮代表着死者来生居有定所。早期的伊特鲁里亚人也会为死者建造安乐世界，主要由装饰着家具的大房子构成，象征着来世的住所。

艺术是新生之路

宗教艺术反映出人们对死亡的理解，但更普遍的想法是，艺术可以帮助人类获得永生。正如我们所看到的，艺术创造被比喻为孕育后代，艺术品就像孩子一样，是我们精神世界的延续和新生。图像可以保存我们对于某人的记忆，即使那个人已经去世多年。因此，图像可以被视为一种对死亡的对抗。

很多艺术家喜欢创作自画像，他们把自己的样貌暴露给众人，在百年之后依旧可辨认。例如，任何去过博物馆或读过艺术方面的书籍的人都能够轻易认出伦勃朗和凡·高，因为他们生前创作了大量的自画像。再如，今天谁不知道《蒙娜丽莎》呢？虽然我们对这位女士的生平知之甚少，但她是全球最知名的面孔之一。

意大利文艺复兴时期的建筑师、文艺理论家莱昂·巴蒂斯塔·阿尔贝蒂和北方文艺复兴时期的画家阿尔布雷希特·丢勒（Albrecht Dürer）相信肖像画可以替代真人。阿尔贝蒂要求同时代的画家把自己放入关于历史和基督教的绘画场景中，这样后人便会永远记住他的样貌；丢勒则表示，他画画的目的是让人们的容貌在死后永存。今天的人类广泛使用数码相机，通过互联网分享照片。不管是给孩子、孙子、朋友或宠物拍照还是自拍，都证明了图像对我们来说非常重要，有实质性的意义。

不可否认，文字无法取代图像，图像所带来的震撼远远大于文字描述。以达·芬奇的《美丽的费蓉妮叶》（见第 1 章图 6）为例，画中的女子坐姿笔直，有种贵族的气质。她衣着考究，容貌端庄，神态自信，给观众强烈的视觉冲击。另一个例子是布朗库西的《波嘉尼小姐（第一版）》（见第 1 章图 2），波嘉尼小姐温柔内敛、可爱美丽，倾斜着脑袋，用纤细修长的手遮住部分脸蛋。她有大大的眼睛、小巧的鼻子，以一种小心翼翼的姿态打量着周围的世界。同样，观众通过伦勃朗的自画像（见第 2 章图 30）一下子就了解了伦勃朗本人，他看起来很潇洒，既乐观又自信。

图像保存的不仅是我们的现在与未来，还是我们的过去。人类保存记忆的冲动源于对祖先的崇拜与怀念。在新石器时代的约旦，人们以石膏重建头骨并用贝壳镶嵌眼睛，使头骨看起来栩栩如生。头骨遗迹是在房屋废墟下被发现的，这表明古约旦人表达对祖先的崇拜是以某种特定方式进行的，目的是使死者获得永生。类似的头骨后来又在新几内亚被发现，这说明古代人类关于死亡的仪式有诸多共性，而且头骨非某个地区文化所独有。在古迈锡尼、古罗马和美洲印第安人部落，人们为重要人物制作死亡面具，以在上面创作肖像画。这些例子都说明人类珍惜历史，并想尽一切办法保存对重要人物的回忆。

如今，英国修建了国家肖像画廊（National Portrait Gallery）；美国总统会委托艺术家为自己作画并把画像挂在白宫里；学校里会挂着历任校长的肖像；律师事务所展示着合伙人和创始人的肖像。这一切都在告诉我们，图像代表着历史和人类的过去。那么接下来，我们就不得不谈谈艺术的政治目的了。

艺术的政治目的

在世界文明中，艺术一直拥有多重政治目的。我们已讨论过艺术与政治在其他背景之中的相互作用，如查士丁尼宫廷的马赛克镶嵌画（见第 2 章图 22）。意大利文艺复兴时期，王子们喜欢铸造奖章，奖章的正面通常是王子的肖像画，反面刻有象征性的政治信息。奖章的铸造成本比绘画和雕塑要低很多，且便携、能够多次铸造，因此奖章成为统治者传播个人形象和政治理念的一种方式。

这方面不得不提的人物是拜占庭皇帝约翰八世古罗格斯。1438 年，古罗格斯前往意大利参加一个教会会议，希望统一天主教的东方（拜占庭）和西方（罗马）分支。尽管最终他没能成功，但这一历史事件被奖章记录了下来。奖章的正面是皇帝的形象，刻有拉丁语铭文，表明古罗格斯是罗马人的统治者；奖章的背面刻有古罗格斯骑在马背上的形象，他胸前钉有十字架，背景则是一片岩石景观。铭文以拉丁语（西方教会用语）和希腊语（东方教会用语）写着铸造者的名字，双语暗示着古罗格斯此行的政治目的是统一已经分裂了好几个世纪的教会。

16 世纪初，教皇朱利叶斯二世决定重建 4 世纪的基督教旧圣彼得大教堂，这座教堂就是今天的梵蒂冈圣彼得大教堂。教皇定制了一枚奖章，正面是自己的肖像，背面是重建圣彼得大教堂项目所聘用的第一位建筑师多纳托·布拉曼特（Donato Bramante）所设计的教堂外观。奖章是为了纪念教皇的壮举，也是为了把建筑物最原始的模样永久保存下来。

历史文献的图像记录往往有政治目的。在前面我们已经介绍过《第一门的奥古斯都像》（见第 2 章图 20），这座雕塑上盔甲的浮雕旨在展示奥古斯都的骁勇善战和锐不可当，同时也表现了天意对他的恩惠。他右腿上的丘比特则表明，作为罗马人和埃涅阿斯的后代，奥古斯都的血统可以追溯到诸神。

除了帝王的肖像画之外，罗马皇帝还下令建造有螺旋状饰带装饰的巨型殿柱，以记录他们在军事方面取得的胜利。建于 2 世纪的图拉真纪功柱记录了古罗马皇帝图拉真（Trajan）征服达契亚

（Dacia，今日的罗马尼亚）人的历史，炫耀着罗马人对达契亚财富的掠夺。不需要任何文字，柱子上的浮雕就告诉了我们战争的全过程：从对防御工事和盔甲的详述，到军事战略，再到军队如何使用船只穿越多瑙河，以及胜利后如何处理囚犯。图拉真把从达契亚获得的巨额财富利用到了极致：他在今日的阿尔及利亚地区建立了殖民地安置退役部队。而这一切都反映在图拉真纪功柱上。图拉真想表现的是，他既是伟大的将军和征服者，又是仁慈的统治者，关心臣民下属的福祉。

知识拓展

阿育王柱

不仅仅是西方人，东方人也同样迷恋高大直立的东西，因为它们象征着成就与权威，暗含政治寓意。公元前 3 世纪，印度阿育王下令在巨大的石柱上刻上他颁布的法令，法令详细介绍了他的政治与道德哲学，同时也传播了佛教理念。

阿育王柱的每根柱子上都有一个算盘，算盘上是一个狮头，上面有四只狮子，每只狮子均面朝外。狮子代表悉达多（悉达多被他的家族称为狮子，后来成了佛陀），算盘上刻着佛教法轮。阿育王柱宣扬了佛教的精神力量，同时彰显了阿育王在亚洲次大陆的政治权威。

几个世纪后的 1804 年，拿破仑加冕为法国皇帝，颇具讽刺意味的是，他最初是靠推翻君主制的口号起家的。有感于古罗马的独立式圆柱，拿破仑在巴黎的旺多姆广场建造了同样巨大的柱子。然而，修建柱子的材料并不是大理石，而是把从普鲁士缴获的火炮熔化了的金属。就像阿育王和罗马皇帝一样，拿破仑认同单一、垂直建筑物所带来的视觉冲击力，于是他决定以这种方式来记录自己显赫的战功。

17 世纪的欧洲有三位权威至高无上的君主，他们分别是英国的查理一世、西班牙的菲利普四世和法国的路易十四，相同的是，他们都企图通过神权来强化作为统治者的形象。

查理一世按照罗马帝国骑术雕像的传统，命人绘制他骑在马背上的形象。他也在宫廷中表演，旨在让人相信他是一个强大但主张和平的统治者。不过这些表演最后都失败了，因为仅仅表现权威是没有用的，这位国王还是被送上了断头台。

西班牙的菲利普四世称自己为“行星之王”，因为那时太阳在星系等级中排名第四，而他希望比自称“太阳王”的路易十四更加闪耀夺目。路易十四不仅自称“太阳王”，而且自比耶稣和太阳神阿波罗，他的凡尔赛宫花园充分显示出他自命不凡的信心：花园中心有一个水池，水池中有一尊阿波罗的镀金青铜雕塑。黎明时分，阿波罗从水中升起，周围是海神以及一匹难以驯服的骏马，与他一同迎接太阳。路易十四的名言是“朕即国家”，而在 1701 年的一幅肖像画中，路易十四站在一根巨大的柱子旁边，柱子象征着法国和古典传统。

大约两个世纪后，1860 年，在马修·布雷迪（Mathew Brady）绘制的林肯总统肖像画中，林肯也同样站在一根柱子旁。在这里，柱子指的是林肯作为美国总统的角色以及他维护北方和南方统一的信心。在这两幅肖像画中，柱子都是建筑暗喻：对路易十四来说，柱子是一种绝对权威的象征；但对林肯来说，柱子是他在库珀学会的礼堂发表的演说中提到的一个比喻，其原话是“一幢裂开了的房子是站不住的”。

时光飞逝，到了 18 世纪末和 19 世纪，法国的艺术品开始反映越来越高涨的革命情绪。国王与民众的距离越来越远，民众对国王的不满日益加深。国王路易十六委托雅克·路易·大卫于 1785 年创作《荷拉斯兄弟之誓》（见第 2 章图 31）时，还觉得作品中的爱国主义情结和他颁布的道德改革纲领遥相呼应。革命党人当然不同意，对于革命党人而言，这幅作品更多地体现了共和国的理念：背景中的多立克柱和三拱门暗示着古雅典的民主和罗马共和国时期的自由。

1789 年的法国大革命过去 40 多年后，1830 年 7 月，一场新的叛乱爆发了。这场斗争被德拉克洛瓦的《自由领导人民》（见第 2 章图 32）记录了下来。与《荷拉斯兄弟之誓》一样，《自由领导人民》表达了一种爱国热情和法国公民愿意为自由牺牲的信念。革命的旗帜是由红色、白色和蓝色组成的三色旗，后来成了《自由女神像》手中的法国国旗，它在崇尚自由的革命群众中频繁出现。德拉克洛瓦运用了色彩的象征意义：红色、白色和蓝色虽然散布在画面的各处，但那面旗帜正是由这三种颜色汇集而成的，具有一定的政治寓意。

在 20 世纪，政治对艺术的影响表现为抗议事件。在第一次世界大战期间，诸多艺术家和作家聚集在中立国瑞士的苏黎世，他们出没于伏尔泰餐厅，宣传反战理念，通过表演来抗议战争以及战争所造成的破坏。当时占统治地位的艺术运动是达达主义，这在此前的章节中已经详细介绍过了。

关于术语“达达”的含义没有一个固定的说法，它的意思包含了“创造”与“毁灭”，即艺术家必须超越过去，才能创造一些新的东西。同时，“达达”也包含了更广泛的政治意义，因为“达达”是婴儿掌握的第一个音节，所以它包含了“重新开始”的意思，指人们应该忘掉过去的伤痛，创造一个更加和平、富有成效的未来。不过很显然，达达主义失败了，因为第一次世界大战后很快就发生了第二次世界大战。不久，西班牙内战又爆发，然后是美苏冷战等。

1937 年西班牙内战期间，随着第二次世界大战的征兆越来越明显，一种最震撼人心的反战抗议被描绘了出来，毕加索创作《格尔尼卡》的灵感来自德国对西班牙城市格尔尼卡的轰炸。西班牙独裁者弗朗西斯科 · 佛朗哥（Francisco Franco）与德军一起谋划了这场轰炸，当飞机袭击格尔尼卡时，手无寸铁的平民在轰炸中血肉横飞。德军这一暴行被媒体广泛报道，激发了毕加索采用黑白画的风格，用碎片化的表现手法指出战争对人类心灵造成的创伤。与《阿维尼翁姑娘》一样，毕加索的《格尔尼卡》把一个特定的事件转变成强有力的神秘意象，清晰传达了背后的政治诉求。

20 世纪初的美国，喷涌而出的政治诉求表现在当时的艺术品中。20 世纪 20 年代，哈莱姆文艺复兴鼓励黑人艺术家寻求源于他们非裔文化的艺术灵感，而后来的黑人艺术家，如费丝·林戈尔德（Faith Ringgold）、贝蒂耶·萨尔（Betye Saar）和罗伯特·科莱斯科特（Robert Colescott）则做出了更大胆的出于政治动机的艺术表达。林戈尔德在 1969 年的作品《月亮国旗：死黑鬼》（*Flag for the Moon: Die Nigger*）中，用美国国旗作为政治抗议的一部分，把“死黑鬼”这样的字眼融入星条旗之中。同时，她反对美国把钱花在太空探索上，而不用于解决国内的种族歧视问题上。

艺术家萨尔则抗议白人对“黑人妈妈”的刻板印象，她认为正是这种形象把美籍非裔妇女贬低为戴着印花围裙的家庭清洁工或照顾白人小孩的人。1972 年，在混合媒体作品《杰迈玛姑妈的解放》（*The Liberation of Aunt Jemima*）中，萨尔描绘了一个叫杰迈玛的姑妈形象。杰迈玛一手拿着扫帚和手枪，一手拿着一支步枪。同时，她的体内还有一个更小的杰迈玛姑妈，小小的杰迈玛站在一只举起的黑色拳头后面，手里抱着一个号啕大哭的白人婴儿。和《月亮国旗：死黑鬼》一样，萨尔在这里也使用了标志性的意象以传达黑人的愤怒，控诉白人种族歧视的历史。

另一名艺术家科莱斯科特则借鉴著名的西方绘画，如伊曼纽尔·洛伊策（Emanuel Leutze）的《乔治·华盛顿横渡特拉华河》（*George Washington Crossing the Delaware*）和毕加索的《阿维尼翁姑娘》，描述了类似的种族抗议的主题，他把绘画中的原型人物全用非裔美国人的刻板印象来替代。

20 世纪 60 年代初，行为艺术成为一种普遍的抗议形式。20 世纪 70 年代，女权主义者开始探讨艺术中涉及女性艺术家的问题。劳丽·安德森（Laurie Anderson）通过作品反对各种社会不公和政治不公。

德国行为艺术家约瑟夫·博伊于斯（Joseph Beuys）的“动作雕塑”（Action Sculptures）被称为艺术动作，他认为自己是一个萨满法师，《我喜欢美国，美国喜欢我》（*I Like America and America Likes Me*）是他创作于 1974 年的代表作。在那场表演中，博伊于斯和一只活的郊狼一起在纽约的一家画廊待了一个多星期。这位艺术家身披毛毯，毛毯里伸出一根牧人的拐杖，暗指他本人正是耶稣。博伊于斯自比萨满法师，就像萨满法师可以在人类和动物世界之间自由穿梭，他希望世界各国可以和平共处。

1974—1979 年，美国女权主义艺术家朱迪·芝加哥（Judy Chicago）创作了混合媒体作品《晚宴》（*The Dinner Party*）。这件作品象征着妇女角色的发展历史，由一张巨大的三角形餐桌和 39 个座位组成，每个座位上摆着一位知名女性的名字，地板上还有另外 999 名妇女的名字。39 位知名女性包括埃及女王、英国作家弗吉尼亚·伍尔夫和美国画家乔治娅·奥基夫，这些女性斐然的成就与“女人就是应该主内”的传统观念形成了鲜明对比。此外，为了强调所谓“女人的工作”的重要性，芝加哥的这件作品中还加入了传统的妇女手工元素，如贴花、针尖和刺绣。

最近，人们对环境问题的担忧又孕育了新的艺术形式：环境艺术，其代表人物有出生于丹麦的冰岛艺术家奥拉维尔·埃利亚松（Olafur Eliasson）。与大地艺术家罗伯特·史密森、德玛利亚与戈兹沃西不同的是，埃利亚松的作品清晰地传达着政治诉求。他于 1998—2000 年创作的作品《绿河》（*Green River*）旨在引发人们对于星球未来的讨论。埃利亚松在全球范围内选了四个城市：德国的不莱梅（Bremen）、挪威的莫斯（Moss）、美国的洛杉矶与瑞典的斯德哥尔摩，并在这四座城市中各自选了一条河，再用无毒染料将它们染成亮绿色。他这么做的目的是扰乱人们对土地景观的设想，并引发人们对未来环境的严肃思考。

艺术品所牵涉的利益

自从有历史记载，人类就希望获得艺术，其目的多种多样，可以是炫耀地位，也可以是彰显国力，还可以是金融投资。战争期间，从敌人那里窃取的艺术品也被看成胜利的象征，这是由来已久的习俗了。例如，大约在公元前 1170 年，古近东的埃兰人（今天的伊朗人）在战胜后就窃取了纳拉姆辛石板（Victory Stele of Naramsin）和古巴比伦王国的《汉穆拉比法典》，这两件物品在它们的国家中极受敬仰。

纳拉姆辛石板高约 2 米，材料是砂岩，石板上面的浮雕讲述了阿卡德人战胜山区人民的历史，统治者被描述为在众神的保护下赢得了战役。《汉穆拉比法典》是一块高 2 米多的黑色玄武岩石碑，顶部雕刻有太阳神向国王授王权的图案，下面是以楔形文字镌刻的约 300 条法令，这些法令构成了古巴比伦王国的统治基础。埃兰人盗取这两件文物的目的不为金钱，而是因为这两件作品的象征意义远大于它的经济价值。

与埃兰人不同，古罗马人更看重实在的利益。在皇帝蒂图斯（Titus）的带领下，罗马军团于 71 年毁坏并劫掠了耶路撒冷圣殿。这次掠夺体现了罗马军团的实力，他们抢来的金银制品以及其他珠宝需要整整两天的时间才能全部在罗马展出。拿破仑和罗马人一样，他也从殖民地带回了珍贵的艺术品，第二次世界大战期间的纳粹也有同样的做法。可见，艺术品的经济价值和象征意义都是它们被掠夺的诱因。

艺术品掠夺所牵涉的法律问题非常复杂，如历史上著名的谢里曼宝藏案（Schliemann Treasure）。19 世纪，富有的德国商人海因里希·谢里曼（Heinrich Schliemann）坚信特洛伊战争真实存在过，而不只是传说。他花费了大笔金钱希望求证特洛伊战争，并亲自去土耳其西海岸，展开一系列考古行动。抵达古城遗址后（但是很可能不是特洛伊战争时期的古城），谢里曼挖出了贵重的黄金物品，并通过他的希腊妻子，把这些文物带回德国。

第二次世界大战期间，苏联攻占德国，于是谢里曼又把这些珍贵的黄金物品带回苏联，尽管直到 1993 年，俄罗斯都不承认这一行为。时至今日，这批文物的归属仍然充满争议。德国称自己有权力要回这些文物，因为谢里曼从土耳其当局获得了挖掘许可。土耳其当然也想把文物要回来，但俄罗斯更不甘示弱，表示自己作为战胜国，有权拥有这些文物。

如今，文物掠夺是被禁止的，世界各国也一直在努力防止类似事件的发生。联合国于 1972 年颁布的联合国教科文组织《世界遗产公约》及后来于 1977 年和 1997 年颁布的《日内瓦公约》附加议定书，都旨在防止毁坏文化财产的行径。然而，考古遗址的文物掠夺仍然是一个难以遏制的持续性问题。

2011 年，北非和中东地区爆发起义，文物掠夺问题变得更加严重。劫掠者闯进了开罗的埃及博物馆、阿拜多斯（Abydos）遗址和塞加拉（Saqqara）墓地，他们把部分文物倒卖给不择手段的收藏家，把部分金属文物熔化以换取黄金。一旦文物被劫掠，它所属的特定历史文化意义和艺术价值就会消失。可是只要有利益，就有地下市场，文物掠夺的行径就难以得到根治。

文物盗窃最司空见惯的手法是个人实施的盗窃，如从居民家、博物馆或其他机构中盗取文物，这种问题持续存在，因为不可能将著名的作品用栅栏圈起来。19 世纪末期的挪威画家爱德华·蒙克（Edward Munch）的作品《呐喊》（*The Scream*）就遭遇过失窃，小偷数次把这幅画从奥斯陆的蒙克博物馆盗走，当然，这幅作品最后还是被归还了。

博物馆的文物失窃的原因有很多，如 1911 年卢浮宫的《蒙娜丽莎》失窃案。显而易见的是，没有人会为了金钱去偷盗这幅作品，因为没有人胆敢公开出售它。真相大白后人们才知道，原来小偷是出于爱国主义情结才铤而走险的，他是意大利的一名室内油漆工。因为达·芬奇是意大利人，所以这名小偷认为达·芬奇的作品理应归属意大利。但事实是，达·芬奇一直长居法国，且在受雇于法国国王弗朗西斯一世期间去世，因此卢浮宫合法地获得了《蒙娜丽莎》的所属权。小偷声称，他的动机纯粹是爱国，与利益无关。最终，警察在这名油漆工位于佛罗伦萨家中的床底找到了这幅名画。

赎回被盗文物和艺术品有时需要大笔资金，但往往没有任何官方会正式解释赎金如何运作。当美国在前总统老布什的领导下入侵伊拉克之际，巴格达的伊拉克博物馆安保严重不足，结果是数以千计件的作品被抢劫一空。后来，只有一部分著名作品被收回，剩下的则杳无音讯。这部分作品被收回的原因是它们的知名度太高，没有人敢公开出售，就像《呐喊》和《蒙娜丽莎》一样难以脱手。但直到本书的写作日期为止，大部分作品仍没有被追回。与之类似，许多失窃作品由于无法公开出售，至今下落不明，如从波士顿的加德纳博物馆被盗的伦勃朗的《加利利海上风暴》（*The Storm on the Sea of Galilee*）。

尽管有人会说，艺术属于全人类，但具体作品的所属权问题依旧是重要的议题。关于米开朗琪罗的《大卫》所属权的争夺赛淋漓尽致地体现了这一点。1501 年，佛罗伦萨共和国委托米开朗琪罗创作《大卫》，目的是装饰佛罗伦萨大教堂的外观。最后，《大卫》被摆在了佛罗伦萨旧宫的门口。如今日所见，大卫代表了摆脱暴政的自由。当时的意大利并不是一个统一的民族国家，而是由一个个小城邦、公国、王国和共和国拼凑而成的。

2010 年，意大利文化部委托进行一项研究调查，来确定《大卫》的合法所有权。律师的结论是，《大卫》归属于意大利而不是佛罗伦萨市，理由是意大利作为一个国家是佛罗伦萨共和国的合法继承者。如今《大卫》的安置地点是佛罗伦萨的阿卡德米亚地区，最初这片地区属于意大利王国，而它是今天意大利的前身。佛罗伦萨市市长不接受这个结论，他反驳说，罗马成为今天意大利首都的 1871 年，意大利王国通过了一项重要的协议，将《大卫》赠送给了佛罗伦萨市。

这场辩论赛的核心问题是政治控制权、财政收入和市民自豪感。如果《大卫》归属于意大利，那么国家有权把它从佛罗伦萨市转移到另外的安置地。仅2009年一年，就有超过100万人来到阿卡德米亚地区，就为了看《大卫》一眼。当年的门票收入超过700万美元，全部归意大利文化部所有，佛罗伦萨市没有分到一分钱。尽管如此，《大卫》依然带来了强烈的公民自豪感，吸引了大量游客来佛罗伦萨旅游，促进了当地的经济繁荣。

佛罗伦萨市市长在接受《纽约时报》（2010年9月1日，第A9页）的采访时称："《大卫》不是一把可以讨价还价的伞。它是一座纪念碑，象征着佛罗伦萨的身份。"此外，市长补充说："这场争论是'大卫与哥利亚的新对决'。我们的战斗是为了更好地管理文化遗产，而佛罗伦萨一直依靠文化遗产存活。"

知识拓展

埃尔金大理石雕

显然，盗窃加德纳博物馆的艺术品是犯罪行为，但艺术领域仍有一些灰色区域，比如，米开朗琪罗的《大卫》到底属于谁呢？这仍然是一个有争议的话题。

也许最有新闻价值的例子是埃尔金大理石雕的故事，埃尔金大理石雕也叫"帕特农大理石"。19世纪的希腊由土耳其统治，埃尔金第七任伯爵托马斯·布鲁斯（Thomas Bruce）和英国驻君士坦丁堡大使一起，在获得土耳其当局的许可后，拆除了雅典卫城的部分古代雕塑并将其运回英国，这些雕塑里有帕特农神庙山脚的独立雕像和一些浮雕。从法律上说，埃尔金伯爵没有违法，拆除雕塑的全过程也没有破坏遗址。然而，一些人认为土耳其在道义上没有权力允许第三方国家把希腊国宝运走。

抵达英国本土后，埃尔金伯爵把雕塑全部卖给了伦敦的大英博物馆。从那时起，埃尔金大理石雕就一直保存在那儿。多年来，希腊一直试图说服英国当局归还这部分雕塑，使其重返雅典。反对意见认为，希腊的空气污染过于严重，而这会导致大理石雕塑加速损坏，正如今日我们所见到的被空气污染损坏的帕特农神庙。为此，雅典修建了一个巨大的温控博物馆。2009 年，博物馆正式落成并对外开放。它的修建在很大程度上是为了告诉全世界，希腊有能力照顾好这些国宝，因此他国没有理由拒绝归还。

此外，主张归还文物的另一个理由是，埃尔金大理石雕属于文化财产，观众如果在靠近帕特农神庙的地方欣赏雕塑，可以更直观地理解文物的历史意义和内涵。而大英博物馆反驳说，这些文物在大英博物馆中属于“近东、爱琴海和埃及”系列，观众可以连同其他古地中海地区的文物一起欣赏，这样可以更好地理解古地中海文明的全貌。虽然英国心意已定，拒绝归还，但希腊从未停止要求英国归还文物，这种悬而未决的政治辩论很可能会持续更久。

私人赞助和投资

艺术品在古代被当成战利品，是文化遗产的象征。同时，艺术品收藏也一直被视为身份和地位的象征，因此文物收藏与馈赠是重要的事件。

实际上，古人与今天的人们一样重视博物馆，博物馆的英文 museum 源于希腊语 mouseion，意思是“缪斯之家”，缪斯是宙斯 9 个女儿的统称，她们是文艺女神。

公元前 5 世纪的雅典卫城入口由一个雕塑廊和一个画廊构成。公元前 4 世纪，希腊化时代埃及王国的统治者托勒密·索特尔（Ptolemy Soter）建立了位于亚历山大的古物陈列馆。

后来，随着人类的迁徙，征服异域文明的事件越来越多，更多的博物馆被修建起来。19 世纪，在拿破仑统治时期，巴黎卢浮宫成为法兰西共和国博物馆；在大洋彼岸的美国，慈善家们开始资助博物馆以造福美国人。

今天，美国全国有大约 8000 家博物馆对公众开放，全世界范围内有近 25000 家博物馆。因此，博物馆作为展示艺术品的场所有着悠久的历史，它的主要目的是展示异域文明的趣味与审美，个人有时也会通过给博物馆捐款获得社会地位，这种做法在 20 世纪的美国尤为流行。

知识拓展

美第奇家族

意大利文艺复兴时期是私人赞助最风行的时期之一，也是宗教与政治赞助最盛行的时期，有时候这三股势力会产生重叠。美第奇家族是 15 世纪佛罗伦萨无可争议的第一家族，其庞大的政治势力和雄厚的财富使得其家族成员愿意慷慨解囊，纷纷赞助艺术家的创作。美第奇家族在艺术赞助方面有绝对的话语权，这是其他家族无法媲美的。美第奇家族这么做的目的是美化当时的佛罗伦萨市容，用艺术品装饰街道、教堂和其他市政机构。

在美第奇家族对艺术和政治的熏染之下，佛罗伦萨涌现了大批杰出的艺术作品，如布鲁内列斯基（Brunelleschi）的育婴堂（Hospital of the Innocents），由弗拉·安杰利科（Fra Angelic）创作的圣马可修道院的壁画，美第奇·里卡迪宫殿（Medici Riccardi Palace）所藏的《圣罗马诺之战》（*Battle of San Romano*），贝诺佐·戈佐利（Benozzo Gozzoli）的《东方三博士之行》（*The Procession of the Magi*），以及多那太罗（Donatello）、韦罗基奥（Verrocchio）、米开朗琪罗等人的雕塑作品，还有波提切利的《维纳斯的诞生》，以上作品都由美第奇家族赞助创作而成。

艺术赞助涉及政治、宗教、个人投资、社会地位和私人审美品位，深深影响着艺术品的展出和销售。几个世纪以来，正如我们所见，统治者委托艺术家进行创作，目的是维护他们的政治形象，这种做法今天仍然存在。教皇的赞助造就了一大批伟大的基督教艺术品，而在新教流行的欧洲，虽然赞助的对象依旧是教堂和宗教机构，赞助人却逐渐变得更加世俗化。在17世纪的荷兰，受民间机构和个人委托，大量的世俗肖像画争相涌现。在18世纪的法国，艺术活动的中心从凡尔赛宫转移到艺术沙龙，而这种沙龙通常是在优雅的私人住宅里进行。

到了19世纪，艺术商人成为艺术界的重要角色，私人画廊为买卖艺术品而成立，博物馆则被当成艺术品的永久陈列馆。事实上，博物馆也存在买卖艺术品的行为，尽管这有违捐赠者的初衷。在美国，唯一一所从未出售艺术品的大型博物馆是位于华盛顿特区的美国国家美术馆。

随着经销商的增多和艺术品市场的繁荣，艺术品拍卖也成了艺术世界的一部分。拍卖艺术品和其他战利品的历史可以追溯到古罗马，现代风格的艺术品拍卖始于17世纪的英格兰。到了19世纪，拍卖已经成为一种既定的商业模式。那时的巴黎虽然是西方艺术世界的中心，但新兴的艺术风格，如现实主义并未被普遍接受。例如，马奈给《奥林匹亚》开出了相当于今日7.2万美元的估价，但直到马奈去世，这幅作品都没有卖出去。最后，这幅作品被拿到一间画室进行拍卖，成交价格连马奈估价的一半都不到。直到1907年，卢浮宫才将这幅画列入收藏。

和现实主义的作品一样，印象主义和后印象主义的作品也很难找到买家。只有几个法国经销商意识到了它们的价值，而大部分的作品最终都被外国人竞拍走或者私下成交。当然，历史很快就见证了这些作品的大热。

进入 20 世纪，现代艺术的活动中心转移到了纽约。每一代先锋艺术家都在努力向世人展示自己作品的艺术价值，从达达主义者、抽象表现主义者、流行艺术家到涂鸦艺术家、身体艺术家、女权主义者、极简主义者、概念主义者、照片写实主义者、超级现实主义者、地球艺术家、环境艺术家，再到视频艺术家等。

到了 20 世纪 80 年代，由于艺术品市场的膨胀和媒体炒作不断加剧，艺术品的投资价值变得明显起来，金融界开始把艺术视为一种升值资产。1987 年，凡·高的《向日葵》以将近 4000 万美元的价格售出，而他的一幅鸢尾花静物图则被一位日本收藏家以 5400 万美元买下。1990 年，凡·高给朋友加谢（Gachet）医生画的肖像画以超过 8200 万美元的价格售出。2000 年，毕加索的一幅“蓝色时期”绘画以 550 万美元的价格成交。10 年后的 2010 年，毕加索于 1932 年创作的《裸体、绿叶和半身像》（*Nude, Green Leaves and Bust*）以 1.065 亿美元的价格售出，打破了世界纪录。

媒体与拍卖行的相互吹捧导致艺术品拍卖的热潮经久不衰，这不仅拉高了销售额，还使世人把艺术品收藏看成一种良性的投资。和那些号称拥有世界最高建筑或拥有中世纪最高的大教堂的城市一样，每次艺术品拍卖都会引来全球的关注，每项新的销售纪录都成了国际新闻。

知识拓展

流行艺术的兴起

流行艺术最早出现时并不为观众所接受，但之后很快就受到追捧，市场价值随之水涨船高，这和 20 世纪的许多艺术风格的命运如出一辙。流行艺术于 20 世纪 50 年代末在英国首次亮相，60 年代在纽约蓬勃发展，它采用肖像表现法，既是对抽象艺术的反叛，也是对美国消费文化的反映。

纽约最引人注目的流行艺术收藏家是斯卡尔夫妇（Robert and Ethel Scull），他们是众所周知的出租车公司“斯卡尔天使”的老板。斯卡尔夫妇的收藏反映了他们的生活方式和品位，他们行事高调，热爱社交，也对审美有独到的要求和见解。除了部分抽象表现主义作品之外，斯卡尔夫妇的大部分收藏都属于流行艺术作品，尤其是安迪·沃霍尔、贾斯珀·约翰斯（Jasper Johns）、罗伯特·劳申贝格（Robert Rauschenberg）、罗伊·利希滕斯坦（Roy Lichtenstein）、詹姆斯·罗森奎斯特（James Rosenquist）、乔治·西格尔（George Segal）等人的作品。

斯卡尔夫妇共拥有 22 件贾斯珀·约翰斯的作品，这其中有一幅是他们委托约翰斯绘制的约 2.5 米高的双美国国旗油画。如今，美国国旗已成为流行艺术的标志，而这始于 1954 年。那时，约翰斯开始尝试模仿古希腊和古埃及流行的一种彩色画法，用蜡笔在帆布上画美国国旗。纽约的艺术经销商利奥·卡斯泰利（Leo

Castelli）的艺术品位颇为前卫，他看好约翰斯，并在 1958 年为约翰斯举办了一场个人画展，这场展览成功吸引了美国现代艺术博物馆馆长艾尔弗雷德·巴尔（Alfred Barr）的注意。

30 年后的 1988 年，约翰斯的一幅白色美国国旗画作以 700 万美元的价格成交，这在当时是所有在世艺术家作品的最高出价。第二年，约翰斯的《两面旗子》(*Two Flags*）售价超过了 1200 万美元。1998 年，大都会艺术博物馆购入了约翰斯绘制的白色国旗，但没有披露价格。这一切表明，约翰斯已经是举国公认的艺术大师。2010 年 5 月，在纽约的一场拍卖会上，他的另一幅国旗画以 2860 万美元的价格成交。

1973 年，斯卡尔夫妇拍卖出售了他们的部分藏品，这让艺术界大为震惊。斯卡尔夫妇凭艺术品买卖赚取了超过 200 万美元的利润，获利的根本在于他们的眼光和准确的预估。评论家和艺术家们指责斯卡尔夫妇贪婪无耻，还有不少抗议者聚集在拍卖会场外反对拍卖。后来，斯卡尔夫妇的离婚诉讼案持续数年，1986 年，罗伯特·斯卡尔去世后，他的妻子又举办了第二场拍卖会，并以 1000 万美元的价格处理了剩余的收藏品。

诸如此类的拍卖的最大争议点在于艺术家版税的问题，当作品被反复拍卖，作品价格水涨船高，艺术家是否可以从获利中分一杯羹呢？一种看法是，买家购买不知名艺术家的作品本身就是在帮助艺术家，买家获利无可厚非，艺术家不该继续参与其中。另一种看法则认为，艺术家应该在后续的艺术品拍卖中获得版税收入。不过这种看法也有人反驳，如一些作品被斯卡尔夫妇收购的艺术家们认为，他们并不吃亏，因为当作品价值被市场抬高后，他们可以以更高的价格出售新作品，从而赚得盆满钵满。

要点总结

1. 宗教艺术往往和死亡有关，其用意通常是为了和神祇建立联系、延长生命或实现长生不老，如吉萨金字塔。
2.《螺旋形防波堤》反映了“大自然永恒存在”的观念，并有一定的保护环境的象征意义。
3. 博物馆作为展示异域文明的趣味与审美的场所，是随着人类的迁徙、征服异域文明而被修建起来的，起初只是展示战利品的地方。

6

艺术的争议

人文主义的中心是哪里？

奥诺雷·杜米埃因哪幅画被判入狱？

理查德·塞拉的《倾斜之弧》为何引发抗议？

尼古拉·普桑与彼得·保罗·鲁宾斯分别代表哪个阵营？

本书多次提及视觉艺术引起的争议，如第 1 章讲述的那场艺术审判以及上一章提到的斯卡尔夫妇拍卖收藏品所引发的争论。抛开这些案例中的细节不谈，我们更关心的是，图像是如何对观众的心理产生深远影响的。千百年来，图像的力量以多种方式呈现，引发了美学争论、政治抗议，甚至是猥亵行为和损坏公物的暴行。最近，关于艺术品修复的问题又引发了争论，其焦点是艺术品修复的恰当时机是什么时候，以及一件艺术品有没有必要修复，若有，那么修复到何种程度算恰当、何种程度算失真。

艺术品修复

如果一件艺术品必须经过修复才能被保存下来，大多数专家都会同意尽力修复它。但是，艺术史上不乏被过度修复的案例。重要的作品被过度涂抹，由于疯狂修补而变得面目全非，或者重要的文物级建筑物屡次被推倒，翻新修建。一个人对艺术品修复的看法在很大程度上取决于他对艺术的看法。我们该如何对待艺术品？艺术品对于文明有何等意义？当然，一切的一切取决于我们对"何为艺术"的认知。

可能有人会说，考虑到艺术品的判断标准是不断变化的，我们不应该改变或摧毁任何艺术品，如人们对凡・高作品的认识。可不幸的是，许多艺术品已经被战争、自然灾害、意外事故和冷漠无视蓄意毁坏了。

古埃及的法老在需要石头来建造建筑和雕塑时，会把前任法老下令创作的石头建筑和雕像拆毁。在意大利，古老的壁画时不时遭到后人无情的粉刷，只为能有一个干净的地方重新作画。在 16 世纪的西班牙，出于政治原因和宗教原因，一座十分平庸的基督教教堂被修建在宏伟的科尔多瓦清真寺旁，破坏了原有建筑的视觉效果。帕特农神庙曾被土耳其人当作军火库使用，其间还被炮弹摧毁过。达·芬奇的《最后的晚餐》也曾遭受虐待，拿破仑的军队攻占米兰后，曾将这幅画当靶标练习射击。类似的例子还有许多，不胜枚举。

知识拓展

西斯廷教堂的修复

20 世纪 90 年代，梵蒂冈决定修复西斯廷教堂里米开朗琪罗创作的壁画。这次修复由日本赞助，因此日本电视台得到了壁画多年的复制权。围绕着修复问题，争议立即出现，人们关于壁画修复的看法有着巨大的分歧。赞成者主张清理几百年来遗留下来的烟雾和污垢，认为修复后的壁画如实还原了米开朗琪罗原作丰富而明亮的色彩。由哥伦比亚大学的艺术史教授詹姆斯·贝克（James Beck）领导的反对派则认为，壁画没有到一定要修复的地步，而且更糟的是，修复者无意中移除了壁画遗留下来的保护层：一层由胶水和树脂构成的混合物。根据贝克的说法，修复者不仅使用了有毒物质，还移除了米开朗琪罗涂在天花板上的涂料。这部分涂料的作用是增强壁画的明暗对比，使画作更加逼真、有立体感，而这正是米开朗琪罗的代表性风格。

针对意大利近年来日益频繁的文物修复项目，我们必须提出一个问题，那便是有多少个修复项目是出于经济利益而不是出于对艺术的珍爱。诚然，清理陈旧的绘画和雕塑，使它们变得更明亮、崭新，以符合现代人的品位的做法能吸引观众，能为修复者提供更多的就业机会，也能为艺术品的声誉进行公关造势，吸引大批游客慕名而来，从而振兴当地经济。

但是，无论如何，原作在色彩上一定比数百年后的修复作品更加鲜艳，且修复所带来的后果值得三思。詹姆斯·贝克在一次非公开演讲中反问道："我们可以随意地'润色'莎士比亚或林肯的原稿吗，正如今天的我们可以随意地粉刷一幅画，或打磨一件雕塑作品吗？"贝克认为，许多教堂和博物馆正在进行着完全不必要的文物修复活动，这让他十分痛心，因此他组织成立了艺术观察者联盟（ArtWatch）以监督此类活动。2007 年，贝克逝世。之后，该联盟成员依旧积极监督各类修复工作。

有时，艺术家所使用的个性化技巧会使他们的作品状况随着时间的流逝而不断恶化，《最后的晚餐》就是其中一个例子。近年来，修复者想把这幅画恢复到它最初的样貌，恢复到被拿破仑的军队“虐待”之前的样子。这项修复工程的难点在于，达·芬奇所使用的技巧和传统的绘画技巧南辕北辙。达·芬奇热衷于创新，但工作节奏颇为拖沓，为了减缓颜料变干的速度，他在灰泥中加入了蛋彩画颜料和油以阻止水性涂料在潮湿的灰泥上发生黏合作用。结果是，当达·芬奇完成整项工作后，油漆很快就开始剥落。

基于这种情况，后人对壁画进行了数次修复，而如今我们已经很难准确地判断画作最初的样子了。最新的修复工程从 1979 年一直持续到 1999 年，在那之后，只有很小一部分壁画被保留了下来，修复者不得不重新进行粉刷。今天，经历数次修复后的《最后的晚餐》颜色暗淡，苍白平庸，完全不像修复之前的那样。

无论如何，艺术品的修复问题会持续引发争议。大多数争论都是有依据的，观点的分歧也是明显的。但是，当一件艺术品遭到严重的蓄意破坏时，争论就变得复杂了，因为人们破坏艺术品的直接驱动力可能是个人妄想、政治阴谋、宗教理由，或部分人强烈的美学观念，不过不同的动机有着细微的区别，我们将对之进行区分。

毁坏文物

“毁坏文物”一词最早源于 5 世纪洗劫罗马的日耳曼部落。人们毁坏文物的动机有许多，其中之一是反对政治上的个人崇拜。例如，法国大革命期间，叛逆的暴徒在愤怒中砸碎了沙特尔大教堂门柱上的好几个雕像。革命党人对君主制深恶痛绝，但误把教堂门柱上雕刻的《旧约》中的希伯来国王与王后当成了法国王室成员。

有时候，人们也出于发泄个人情绪而毁坏文物。1911 年，一位海军厨师用小刀划破了伦勃朗的《夜巡》(*The Night Watch*)。当晚，这位厨师正在参观位于阿姆斯特丹的国家美术馆。不久前，他刚被荷兰海军解雇，因此怀恨在心，将不满转移到荷兰的国宝级名画上。这位厨师认为,《夜巡》被收藏于荷兰国家美术馆，多少与政府有关。

三年后的 1914 年，英国的妇女参政运动正发展得如火如荼，另一幅名画也遭受到和《夜巡》一样的厄运。委拉斯开兹（Velázquez）的《维纳斯与丘比特和镜子》(*Venus with Cupid and a Mirror*）也被称为《镜前的维纳斯》(*Rokeby Venus*)，曾在伦敦国家美术馆被人用小刀划破。一个名为玛丽·理查森（Mary Richardson）的妇人想要以此抗议政府监禁妇女参政党领袖埃米琳·潘克赫斯特（Emmeline Pankhurst）及其追随者。理查森表示，她厌恶《镜前的维纳斯》对裸女的刻画，感到被冒犯，同时，裸女这一形象是对男性凝视的屈膝。

1972 年，米开朗琪罗的大理石雕像《圣母怜子像》在圣彼得大教堂遭到一个挥舞着锤子的匈牙利人的袭击。这名匈牙利人声称，他才是人类的救世主，耶稣并不是什么救世主。雕像描绘了耶稣从十字架上被取下来的样子：他躺在圣母玛利亚的双腿上，玛利亚为他哀悼。这并不是《圣母怜子像》第一次遭到攻击。

1549 年,《圣母怜子像》的复制品在佛罗伦萨展出。宗教裁判所的审判官认定,《圣母怜子像》将玛利亚刻画得过于年轻，而这有乱伦的意味。就这样，宗教裁判所宣布米开朗琪罗是污秽创造者。人们为了保护雕像，将它从教堂移走藏匿在某处，直到意大利的宗教氛围有所好转才偷偷将它取出。

宗教争议

正如宗教裁判所对《圣母怜子像》的谴责和古希腊人反对《尼多斯的阿佛洛狄忒》一样，艺术品也会因为暗含或彰显淫秽而引起争议，但艺术品的意义是多层次的，观众对作品的解读也是多层次的，更不要说观众的反馈了。

“偶像崇拜争论”带有宗教性质，它发生于 8 世纪和 9 世纪的拜占庭帝国，争论双方是圣像支持者和圣像反对者，争论的焦点是圣像的本质。圣像支持者认为，刻有基督教人物的圣像有利于坚定信徒的信仰，带来积极的正面影响。举例而言，圣路加（St Luke）开创了为圣母玛利亚绘制肖像画的传统。圣像反对者则认为，圣像是危险的，会导致偶像崇拜。也就是说，人们会仅仅崇拜偶像本身，而不是偶像所代表的神，这种对圣像的看法显然与柏拉图的观点有所不同。

偶像崇拜争论经久不息，造成了教会的分裂。730 年，利奥三世皇帝（Emperor Leo Ⅲ）颁布法令禁止供奉圣像，导致艺术品，尤其是雕塑产量的下降。直到 843 年法令被撤销，雕塑才重新流行起来。尽管如此，雕塑在天主教的东正教分支中得到的认可仍比在西方分支中得到的认可要少。

知识拓展

《尼多斯的阿佛洛狄忒》

艺术品中涉及的色情问题在古希腊引发了一场争论。公元前 4 世纪的雕塑作品《尼多斯的阿佛洛狄忒》（见第 4 章图 43）是晚期古典主义雕塑家普拉克西特列斯为了献给希腊城市科斯（Kos）而创作的。普拉克西特列斯是第一位把自己的情妇当成模特的雕塑家，他以情妇为原型，创作出诸多裸女图和女神雕像。

《尼多斯的阿佛洛狄忒》描绘了阿佛洛狄忒沐浴之后的样子：她轻轻遮住裸体，神情仿佛突然意识到自己正在被偷看。科斯拒绝接受这座雕像，理由是女神的表现方式过于色情露骨。最终，这座雕像被送给了位于安纳托利亚（Anatolia）西海岸（今天的土耳其）的尼多斯。尼多斯建造了一座阿佛洛狄忒圣殿以供奉这座雕像，引来众人的赞赏。一则逸事说，某天夜晚，一个年轻人躲在圣殿里，只是为了与女神过夜，他被女神的美丽搞得神魂颠倒，以至于在雕像上留下了精液。另一则古希腊传说称，阿佛洛狄忒从海平面上看到自己的肖像时惊叫道："普拉克西特列斯是在哪里看到我的裸体的？"

15 世纪末的政治与经济局势颇为紧张，佛罗伦萨天主教会再次担心圣像对信徒的腐化作用。几百年来，佛罗伦萨一直是人文主义的中心。人文主义于 1492 年由美第奇家族开创，一直持续到洛伦佐·德美第奇逝世。保守主义反对派在多明我会的支持下日益掌权，美第奇家族逐渐大权旁落，财富也大大缩水。安东尼努什（Antoninus）从 1446 年开始担任佛罗伦萨多明我会的大主教。他一手创立了圣马可修道院，尽管该修道院还是由美第奇家族赞助修成的，但安东尼努什反对人道主义，称其为“邪恶的影响”。支持安东尼努什的人还有圣马可的多明我修道院院长吉罗拉莫·萨伏那洛拉（Girolamo Savonarola），萨伏那洛拉谴责所有形式的奢华，反对裸体画和描绘神话故事场景的画像。

1498 年，萨伏那洛拉成功统治了整个佛罗伦萨地区，将所有自己不喜欢的艺术品收集起来，和华服等其他奢侈品一同烧光，化为灰烬，他称之为“虚荣的篝火”。结果是，萨伏那洛拉摧毁了诸多文艺复兴时期的重要艺术品，他的统治也不得人心，最终被公开处以绞刑。

文艺复兴鼎盛时期之后，接二连三而来的宗教改革和反宗教改革使社会变得动荡不安。教会企图唤起人们对人文主义的恐惧，声称人文主义会带来道德堕落，导致社会瓦解。不出意料，米开朗琪罗的作品再次受到攻击。完成《大卫》之后，米开朗琪罗受教皇朱利叶斯二世之托，计划在西斯廷教堂的天花板上创作一系列的壁画。西斯廷教堂是教皇的私人教堂，也是选举教皇的传统举办地点。

1534 年，另一位教皇保罗三世（Paul Ⅲ）委托米开朗琪罗在教堂祭坛墙上创作《最后的审判》一画。但后来的两位教皇却希望销毁这两幅壁画，因为壁画中出现了裸体，这两位教皇分别是哈德良六世（Hadrian Ⅵ）和克莱门特八世（Clement Ⅷ）。经过激烈的争论，教会最终决定在裸体上画上帷幔，这些痕迹一直维持到充满争议的 20 世纪 90 年代文物修复工程之前。

知识拓展

保罗·委罗内塞（Paolo Veronese）的《最后的晚餐》（*Last Supper*）

1573 年，在特伦托大公会议结束的 10 年后，宗教裁判所利用新获得的权力猛烈攻击保罗·委罗内塞的一幅位于威尼斯的巨型画作。这幅画作长度超过 12 米，内容为《圣经》中描述的“最后的晚餐”。宗教裁判所传唤了委罗内塞，质问他如何解释作品中被认定为不恰当的内容。例如，为何那位仆人在流鼻血？为何那位使徒在使用牙签？为何弄臣和德国人（这令人联想起马丁·路德）都出现在耶稣的晚餐中？委罗内塞以“艺术破格自由”替自己辩护，但审判官不为所动，给他三个月时间勒令整改，重新绘图。情急之下，委罗内塞只好把画作的标题改动了一下，更名为《利维家的盛宴》（*The Feast in the House of Levi*）。之后，这场争议得到了平息。

政治争议

政治争议源于宗教，但也涉及很多世俗内容。19 世纪的法国社会正处于巨变中，讽刺艺术家奥诺雷·杜米埃（Honoré Daumier）的作品不但激怒了法国政府，在民间也饱受争议。1830 年，七月革命爆发，革命党人反对波旁王朝，革命的全过程反映在德拉克洛瓦的画作《自由领导人民》之中。革命结束后，王朝复辟，被后世称为“公民之王”的路易－菲利普（Louis-Philippe）登基。至此，法国遭受了经济衰退和社会动荡，政府颁布了限制集会和言论自由的法令。

在此背景下，擅长创作讽刺肖像画的杜米埃很快就用平版印刷画表达了对王国的看法和维护言论自由的政见。杜米埃的大部分作品被登在两个出版物上，一个是由夏尔·菲利庞（Charles Philipon）于 1830 年创办的每周一期的《漫画》（*La Caricature*），另一个是于 1832 年创办的每日一期的《见闻》（*Le Charivari*）。《漫画》直到 1935 年被政府查封之前，一直坚持刊登杜米埃的作品。

1831 年，杜米埃创作了一幅平版印刷画。国王路易－菲利普的外形是法国民间传说中友善的巨人，但实际上，杜米埃将这名国王画成了一名肥胖的昏君，坐在众议院大臣面前，而大臣们则被画成了一群衣冠楚楚的猪。国王面前是穷苦大众，此时他们正在把硬币投进篮子里，这些硬币从一个横梯直入国王口中。1832 年，杜米埃和报社编辑因此画被判入狱。

1834 年 1 月 9 日，杜米埃又为《漫画》画了一幅新的平版印刷画《过去，现在，未来》(*Past-Present-Future*)(见图 44)。在这幅画中，国王的脑袋被画成一个梨子。法语中的“梨子”谐音“蠢货”，是常见的骂人话语。

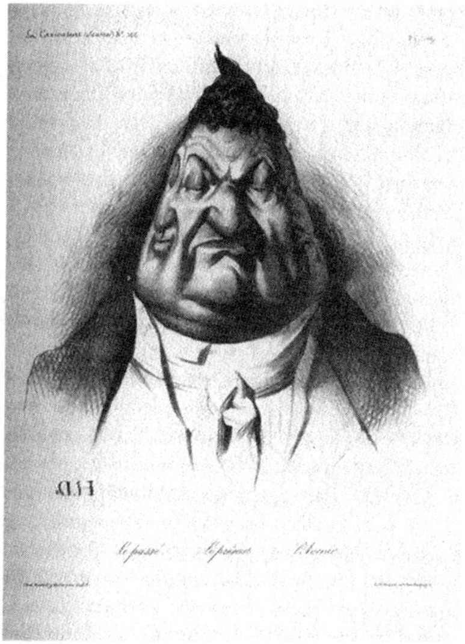

图 44

奥诺雷・杜米埃，《过去，现在，未来》，1834 年 1 月 9 日，平版印刷画，26 厘米 × 20.3 厘米，美国纽约大都会艺术博物馆。

杜米埃创作此画的灵感来自文艺复兴时期的画家提香。提香在《审慎的寓言》(*The Allegory of Prudence*) 中用三个头像分别代表过去、现在和未来：最老的头像也是他的自画像，面向左边；代表现在的中年头像面向前方；而代表未来的是一个面向右边的年轻人。杜米埃把提香的构思做了修改，将其变成了一幅政治讽刺画。

左边的是过去的菲利普：他轻轻微笑，笑容自信；中间的是如今的菲利普：他微微蹙眉，神情不悦，对现实不满；右边的则是未来的菲利普：他年老气衰，忧心忡忡，对他来说这不是个好兆头。

当艺术品涉及公共空间时，政治因素就一定会参与进来。这在大地艺术家克里斯托和珍妮·克劳德的作品中体现得尤其明显，因为他们在创作前首先要征得当地政府的许可。二人小心处理当地的政治情绪，和当地政府合作以说服居民，告诉他们创作后的作品会给该地区带来的好处。二人完成作品后，往往又因作品暗含的政治信息受到全世界的关注。和史密森的《螺旋形防波堤》以及沃尔特·德玛利亚的《闪电场》相比，克里斯托的作品只是临时性的：当展出结束，一切将恢复原状，作品所使用的材料也都被回收。即便如此，艺术创作也困难重重。得到当地政府的允许就要花费数年的时间，还要雇用上百名工人来建造作品。

克里斯托最惊人的作品之一是包裹法国新桥。这项工程于1985年动工，而此前他花了10年时间才和市政当局达成了协议。法国新桥建于亨利四世（Henri Ⅳ）时期，连接西堤岛（Ile de la Cite）与塞纳河左右两岸。包裹新桥并不简单，300名工人使用了超过4万平方米的黄色丝质织物、超过30万米长的绳子，以及超过12吨的钢链才得以把桥包裹起来。包裹后的新桥焕然一新，并以这种外观持续了两个星期。在此期间，新桥在阳光照射下发出微黄色的光，在缓慢流动的河水中映出金色的光辉。此外，根据一天中阳光角度的变化，桥身会呈现出不同的色调。

克里斯托和珍妮·克劳德开展的另一个项目与当地政府协商了长达 20 多年，终于在 2005 年 2 月于纽约中央公园实施。纽约中央公园始建于 19 世纪，设计师是弗雷德里克·劳·奥姆斯特德（Frederick Law Olmsted）。公园墙壁上的几个开口被称为“门”，这些门有些是以工程师、士兵等群体命名的，也包括水手、艺术家等，这给了克里斯托灵感，最终以“门”命名该作品。作品包含 7500 多扇“门”，这些门由藏红花色的织物组成，悬挂在公园步道两侧的柱子上。

艺术家希望这个作品在冬天展出，因为这样一来“门”就可以在风中飘扬，和洁白的雪形成鲜明对比。不负众望，作品在展出期间，纽约确实下雪了。数千人在步道上行走，享受这些“门”的鲜活和生动的色彩，周围光秃秃的树枝和纽约的天际线更为这件作品增添了意境。与包裹后的法国新桥一样，“门”的外观随着时间的推移而改变：日出时它们的色彩细腻，下午的颜色则变得冷峻、清晰，到了黄昏时分，天空和路灯的背景光突出了织物的透明质地。

美学争议

正如我们在第 1 章讨论过的那样，审美差异会带来争议，甚至会带来法律诉讼。在 16 世纪的意大利，人们不断争论绘画和雕塑孰优孰劣，这种争论就像兄弟姐妹之间的竞争一样经久不衰。

一种观点认为，上帝造人，人首先就是一个雕塑，因为这是亚当用黏土做成的，因此雕塑优于绘画。这种观点还强调，雕塑所使用的材料更加经久耐用，如青铜、木材和石头等，因此雕塑无疑更加高级。另一种观点反驳说，画画才是更有智慧、更绅士的活动。米开朗琪罗的父亲同意这个观点，他拒绝让儿子接受雕刻训练，只让儿子学习绘画。达·芬奇也参与了这场辩论，他认为雕塑家使用锤子和凿子进行创作，会制造噪声，且身上会布满大理石碎片和灰泥，形象非常不堪，绝对不会像画家一样衣着优雅。

另外，绘画与雕塑之争还涉及作品的二维与三维问题以及对观众心理的影响。达·芬奇更赞赏绘画，他认为人们理解平面图像比理解三维图像容易多了。欣赏雕塑，观众必须从多个角度细心观察，否则不容易理解。而雕塑的支持者认为，恰恰是因为这一点，雕塑才比绘画优越。雕塑是三维图像，它传达的信息比绘画更多、更丰富。但这个观点很快被威尼斯画家焦尔焦内·达卡斯泰尔弗兰科（Giorgione da Castelfranco）否定，他画了一个以后视角度描绘、可以从四面同时看到的人像。人物的正面反射在水面上，右面反射在右边的镜子中，左面反射在左边闪亮的金属铁甲上。不幸的是，今天的观众无法欣赏这幅杰作，只能从乔尔乔·瓦萨里的描述中想象了。

除了绘画和雕塑的艺术效果之争，文艺复兴时期的艺术界还存在线条和色彩之争。16 世纪，意大利艺术评论家彼得罗·阿雷蒂诺（Pietro Aretino）十分欣赏提香松软的笔触和对油画色彩的运用。相比之下，他不太欣赏米开朗琪罗的壁画，认为其线条过多、过于死板。提香和米开朗琪罗的艺术风格差异也是二人的竞争点。而米开朗琪罗居于佛罗伦萨，提香居于罗马，他们二人之间的竞争亦是两个城市之间的竞争。

在阿雷蒂诺看来，提香的画作纹理清晰，人物丰满柔软，但米开朗琪罗的作品棱角清晰，过于线条化，不够生动。在裸体绘画方面，虽然提香笔下的人物过于性感，但总体而言优于米开朗琪罗在西斯廷教堂所画的裸体。阿雷蒂诺认为，米开朗琪罗笔下的人物都肌肉发达，非常失真，观众很难区分女人和男人、成人和孩子。如此水准的作品，当作浴室的普通壁画尚可，可放在教皇的私人教堂中就显得格外扎眼了。

巴洛克时期，关于线条与色彩的争论再次兴起。1648 年，路易十四的大臣让－巴蒂斯特·科尔贝（Jean-Baptiste Colbert）成立了法国画院，即法国绘画与雕塑学院。尼古拉·普桑（Nicolas Poussin）是长居罗马的法国画家，痴迷于古希腊和古罗马的艺术题材。以普桑为代表的古典风格注重线条，以佛兰德画家彼得·保罗·鲁本斯（Peter Paul Rubens）为代表的画派则注重色彩。鲁本斯和提香一样喜欢画性感、肉感的裸体，他的画法比普桑更具有绘画性，色彩更丰富、明亮。

17 世纪，线条的拥护者自称普桑派，而色彩的拥护者自称鲁本斯派。普桑派被称为“古人”，鲁本斯派被称为“现代人”。“古人”师承古典，克制而理性，好比希腊太阳神阿波罗是理性的化身；“现代人”感性浪漫，一如酒神、戏剧之神和欢乐之神狄俄尼索斯。19 世纪评论家詹姆斯·麦克尼尔·惠斯勒以个人口吻探讨过这两种差异。他认为，线条与色彩的差异存在于性暗示之中：线条象征着雄性的控制力，色彩象征着雌性的诱惑。他在 1867 年的一封信中写道：

> 绘画，哦，上帝啊！色彩是罪恶，尽管它可以是最好的美德之一。画家只有坚定地运用恰当的技巧进行创作，色彩才是一位容貌出众、有佳偶陪伴的女人。她的配偶爱她，但同时也是掌管她的主人。但一旦不确定性来袭，一旦画家胆怯、害羞、能力不足、要求简单，那么色彩就会成为可怕的荡妇……

美国政府的艺术赞助

当艺术品获得公共赞助时，争议几乎是不可避免的。与西欧国家相比，美国在视觉艺术领域的赞助甚少。就算如此，每次赞助还是会引发激烈的争议。这方面最经典的案例是美国极简主义雕塑家理查德·塞拉（Richard Serra）的作品《倾斜之弧》（*Tilted Arc*，见图 45）。1979 年，受美国总务管理局（General Services Administration）的委托，塞拉开始创作《倾斜之弧》。作品位于曼哈顿下城区的弗利广场（Foley Square），于 1981 年完成，总耗资 17.5 万美元，其原材料是耐大气腐蚀的科尔坦钢，作品弧线细长、宽广，略微倾斜，高约 3 米，长约 36 米，宽约 6 厘米。

这件巨大的弧形雕塑作品最初被摆在美国联邦大楼门口，它把开阔的公共空间拦腰截断，每天数百名员工进入联邦大楼前都要绕过它。这座雕塑的表面有点粗糙，一如塞拉的其他大部分钢铁作品，这正是作者的目的，意在揭示随着时间的推移，所有的雕塑都会生锈。塞拉的作品以气势磅礴、咄咄逼人为特征，甚至让人感到恐慌和受威胁。

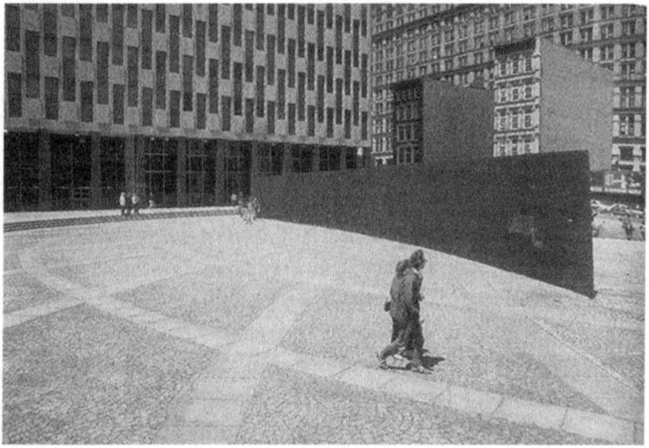

图 45

理查德·塞拉，《倾斜之弧》，1981—1989 年，未加工的实心钢板，长约 36 米，高约 3 米，宽约 6 厘米，最初被安置在美国纽约的联邦广场。

尽管塞拉是一位公认的杰出艺术家，但他的《倾斜之弧》却引来极大的争议。这件作品风格抽象，与大众格格不入。当地居民称之为“弗利广场的柏林墙”，并在上面画满了涂鸦。听证会也举行了，因为联邦大楼的员工们不喜欢这座雕塑，他们反对每天上班还要绕着这么大的建筑走。这面有弧度的铁墙被员工视为对自由的阻碍，并有种把艺术家自己的审美品位强加给别人的感觉，因为员工每天上班的路被阻碍了，吃苦的是员工而不是艺术家。这场风波反映出艺术界精英和以工人与纳税人为代表的普通大众之间的隔阂，后者质问政府为什么要花钱赞助此类艺术。总而言之，这场争议反映出大众与艺术之间深不可测的鸿沟。

基于此情此景，塞拉出面为自己辩护。他说，正是由于雕塑的存在，观众才对自己的步伐、周围的环境、广场的空间变化更加敏感。换句话说，是艺术改变了观众的感知，这是艺术的作用，就像雨果关于艺术带来“战栗”的言论。最后，1985 年 3 月举行的一场公开听证会决定了《倾斜之弧》的命运。艺术家、评论家和策展人纷纷支持塞拉，称《倾斜之弧》是极简主义的杰作。联邦大楼的员工则称该作品妨碍了他们的自由，让他们无法在弗利广场自由行走。这件作品不仅遮挡大部分视线，还带来鼠患，引来破坏者，甚至在将来可能是恐怖袭击的对象。结果，陪审团以 4：1 的票数决定撤走《倾斜之弧》。

有人曾建议塞拉重新选址建造《倾斜之弧》，但塞拉本人拒绝了。他解释说，这件作品就是为弗利广场量身打造的，如果被撤走就不再是这件作品了。1989 年，《倾斜之弧》被切割为三个部分，工人们连夜把它丢弃在废金属堆中。今日，塞拉已成为举世闻名的艺术家，受到极大的尊崇。他的许多作品与《倾斜之弧》的风格一致，都广受好评，并分布在世界各地，从柏林音乐厅前的广场到伦敦的利物浦街火车站，再到西班牙的古根海姆博物馆。在《倾斜之弧》诉讼案败诉之日，塞拉表示艺术的目的不是取悦观众，更不是民主。

这个案例告诉我们，如果每次艺术争议的结果都是艺术家败诉的话，最终的受害者依旧是大众，尽管大众对艺术常抱有敌意。我们想象一下，如果米开朗琪罗的西斯廷教堂壁画被保守派抹去,《圣母怜子像》被销毁，这对于人类文明来说是多么巨大的损失和灾难，就连今天的我们也无法想象这种情形的发生。但依照彼时的情形，公众对待米开朗琪罗的态度和今日对待《倾斜之弧》的态度本质上如出一辙，我们可以预见这种情形在未来仍会上演。

20 世纪 80 年代末，美国国家艺术基金会授予摄影师安德烈斯·塞拉诺（Andres Serrano）和罗伯特·马普尔索普（Robert Mapplethorpe）两笔奖金，以鼓励他们的艺术创作，但这次赞助引发了巨大争议。争议的焦点是礼仪问题，还有美国宪法第一修正案中关于言论自由的章节。

1987 年，塞拉诺创作了照片《尿液中的基督》(*Piss Christ*)，该作品成为 1989 年由美国东南当代艺术中心组织的获奖艺术家团体展览的一部分，该展览在北卡罗来纳州的温斯顿-塞勒姆(Winston-Salem)举行。塞拉诺作为入选展览的十位艺术家之一，获得了美国国家艺术基金会颁发的 1.5 万美元奖金。《尿液中的基督》在好几个博物馆顺利展出，但在弗吉尼亚州里士满的美术馆展出时却引发众怒。在这张照片中，作者把十字架放置在装着自己约 15 升尿液的树脂玻璃容器中。于是，一位牧师以亵渎罪和散播淫秽罪起诉塞拉诺。在此期间，美国国会也收到数千封反对者的信件，塞拉诺本人还受到基督教宗教激进主义者的威胁。

可事实上，塞拉诺的照片确实具有美学价值，而且这幅作品和他的许多其他作品一样，成功地引起了观众的强烈反应。抛开内容不谈，《尿液中的基督》色彩柔和，阴影对比强烈，甚至有宁静的美感。如果没有人告诉观众艺术家用自己的尿液作为创作媒介，如果不是作品的标题透露了这一点，我相信观众会毫不生气，也不会有这么多的后续事件。

塞拉诺解释，他在创作这幅作品的时候，就像其他艺术家一样正好对体液的话题感兴趣。那时，世界上又出现了艾滋病危机，于是他就创作了这样的作品。但最终，就像宗教裁判所反对委罗内塞的《最后的晚餐》一样，反对派还是胜诉了。美国国会经过投票决定撤回给美国东南当代艺术中心的 1.5 万美元赞助拨款，并通过了一项为期一年的禁令，即禁止东南当代艺术中心给内容不雅、毫无艺术价值的作品拨款。这 1.5 万美元正是塞拉诺的奖金数目，很明显美国国会在表明自己的立场。而事实上，艺术界认为《尿液中的基督》确实有艺术价值，正如委罗内塞的《最后的晚餐》、米开朗琪罗的《圣母怜子像》与西斯廷教堂的壁画一样。

罗伯特·马普尔索普的作品同样饱受争议，他的作品意象大胆，充斥着露骨的施虐、受虐、情色内容。美国国家艺术基金会拨款3万美元给当代艺术研究所，以赞助一场名为“罗伯特·马普尔索普：完美形象”（Robert Mapplethorpe: The Perfect Image）的个人展览。和《尿液中的基督》的命运一样，马普尔索普的作品起初并没有引起多大的争议，在好几家博物馆顺利展出。但在华盛顿特区的科科伦美术馆（Corcaran Galley）展出时，这些作品遇到了麻烦。科科伦美术馆最终屈服于保守派的压力，取消了原定于1989年7月的展览。

一年之后的1990年，俄亥俄州辛辛那提市的当代艺术中心如期举办了马普尔索普的个展。策展人把那些非常露骨的照片单独放在一个地方，禁止18岁以下观众进入。尽管时任美国总统的老布什也替国家艺术基金会辩护，他称宪法第一修正案支持言论自由，但辛辛那提市还是爆发了大批抗议活动。反对者称展览内容淫秽不堪、思想野蛮且道德沦丧。当地媒体也大肆渲染，他们认为当代艺术中心应该为展出这些作品承担刑事责任。最终，当年4月，当代艺术中心主管因淫秽罪被起诉。9月，此案被陪审团受理。5天后，陪审员们给出了最终判决：艺术不一定是美丽的，当代艺术中心主管无罪。

尽管马普尔索普的作品直白而露骨，但老实说，它们确实没有到淫秽的程度。由于印刷精美，他的作品均为黑白照片，具有颇高的美学价值。甚至可以说，马普尔索普的作品之所以出众，正是因为其具有强烈的对比性：题材大胆，令人不安，但视觉效果却优雅美丽。然而，由于马普尔索普的反对者继续游说，美国国会最终又削减了国家艺术基金会的 3 万美元赞助资金，相当于拨给当代艺术研究所的赞助金。直到今日，部分政治团体依旧在游说国会，试图完全撤回给国家艺术基金会的所有拨款。

知识拓展

克里斯·奥菲利（Chris Ofili）：大象粪与圣母玛利亚

1999 年，纽约布鲁克林博物馆举办了一场名为“轰动”（Sensation）的英国当代艺术展，展出的作品来自英国广告大亨查尔斯·萨奇（Charles Saatchi）的收藏。展览中最有争议的作品是奥菲利刚获得前一年透纳奖的一幅彩色画。在这件作品中，圣母玛利亚被描绘成一个黑人，她身穿蓝色斗篷，站在画有女性生殖器细节的黄色背景前。最让批评家恼火的是，玛利亚的胸口竟有一小团涂有树脂的大象粪便。

这位尼日利亚裔艺术家在英国北部的曼彻斯特长大，并在伦敦皇家艺术学院获得了硕士学位。1992 年，奥菲利去了津巴布韦，对非洲文化产生了兴趣，他把非洲文化与西方传统结合起来表现在画中。起初奥菲利用从津巴布韦带回的粪便进行创作，粪便用完后，便从伦敦动物园获取新的粪便。在非洲文化里，大象的粪便有正面的意义，象征着生殖能力。同样，古埃及把蜣螂与埃及神话中把太阳从东方滚到西方的圣甲虫凯布利（khepri）联系在一起，因为蜣螂也是不断地在地面上滚动粪球。和大象粪便蕴含某种意义一样，蜣螂象征着重生，就像太阳每天重新升起。

大多数西方人并不知道大象粪便所具有的文化内涵，他们往博物馆涂抹颜料以示抗议，也有人试图销毁这幅画。纽约市市长鲁迪·朱利亚尼（Rudy Giuliani）既没有亲自看过这幅画，也没有看过该展览的任何内容，便试图关闭博物馆，取消对博物馆的所有赞助并解散董事会。当然，这引起了学术界和艺术界的强烈抗议，大批抗议人群聚集在博物馆外。芝加哥大学的艺术史学教授 W.J.T. 米切尔（W.J.T. Mitchell）称这场争议是一场具有教育意义的“娱乐”。最终，一项法令要求市政府恢复对博物馆的赞助并撤销诉讼。

英国透纳奖

英国著名的透纳奖成立于 1984 年，这个奖项从设立之初就注定充满争议，它为伦敦的泰特美术馆（Tate Museum）买下了一些富有潜力的当代艺术家的作品。最初的奖金是 1000 英镑，这一数额从 1984 年开始大幅增加。透纳奖以艺术家透纳命名，这位艺术家生前饱受争议，因为他的艺术特点是将表现主义的色彩和动态的形式相结合。当然，并不是每一年的透纳奖都充满争议。但挑选杰出的当代先锋艺术家并不容易，结果总是一次又一次地证明了视觉艺术引发强烈反响的力量。

当然，一些艺术家的获奖并未引起巨大争议，显然是出于民族主义原因。例如，马尔科姆·莫利（Malcolm Morley）于 1984 年获奖，这引起了些许反对，因为尽管莫利是英国人，但他已经在美国生活了 20 年。再如，2000 年，沃尔夫冈·蒂尔曼斯（Wolfgang Tillmans）的获奖也遭到非议，因为他是德国籍而非英国籍。1996 年值得一提。当年的入围名单中只有男性，导致女性艺术家产生了强烈的不满。同时，1996 年也是首次颁奖给视频艺术家的年份，于是，道格拉斯·戈登（Douglas Gordon）成了一匹黑马。1997 年，又有人不满入围名单全部是女性，透纳奖被说成是在迎合政治正确。

此外，有人反对奖项太过频繁地授予概念艺术家。例如，2001 年，苏格兰艺术家马丁·克里德（Martin Creed）以作品《第 227 号：灯开了又关》（*No. 227: The Lights Going on and off*）获奖。作品的内容是在一个光秃秃的房间里，灯光定时每 5 秒钟一闪一关。至于创作理念，《每日电讯报》（*Daily Telegraph*）在 2001 年 12 月 10 日的一篇文章中引用作者原话，说这个作品是为了表达"虚无"。这激怒了英国文化部部长，他公开表示，候选名单上的作品都是"冷酷而机械的，是一些胡说八道的概念"。

透纳奖所引发的最激烈的一次争议发生在 1999 年，当年的获奖人是史蒂夫·麦奎因（Steve McQueen），他是一名电影与视频艺术家，但争议并不由他而起，而是源于一位入围但未获奖的艺术家特蕾西·埃明（Tracey Emin）。埃明的作品《我的床》（*My Bed*）是一张她自己的、没有整理过的皱巴巴的床。床周围有蓝色的地毯，地毯上散落着一些烟头、没有洗的内衣和空酒瓶。作品的意义在于引发观众的想象，好像艺术家本人就待在那里一样，可实际上埃明并不在现场。这个作品可以理解为埃明的自传性自我剖析，向公众展示她私下的模样。关于埃明的作品，英国文化部部长表示，他担心此类作品有损英国的国际形象。

“艺术”和“技术”的关系这一话题在2005年又引起了不小的争议。当年，西蒙·斯塔林（Simon Starling）因《棚船棚》（*Shedboatshed*）获奖。他把一栋木屋拆成了一条船，沿着莱茵河顺流而下，然后又把船重新改装为小屋。这算是艺术吗？观众反复询问。这到底是技术，还是艺术？创意算是艺术吗？乘船旅游算是艺术吗？人们搞不懂了。三年后，马克·莱基（Mark Leckey）获得了当年的透纳奖，他在作品中加入了卡通漫画人物，如费利克斯猫（Felix the Cat）和霍默·辛普森（Homer Simpson）等。因此，低俗艺术与高雅艺术之争又掀起新的波澜。

1993年，蕾切尔·惠特里德（Rachel Whitread）的作品《房子》（*House*）获得了当年的透纳奖，也引发了争议，就连当地政府也对此表示理解。下面来说说这个作品，惠特里德选中了一幢位于伦敦东区的废弃的维多利亚式住宅，并给它做了一个混凝土的框架，然后又把房子的外部装饰全部拆除，只留下内衬，使房子看起来没有窗户、门和屋顶这些传统的房屋结构。结果，这幢房子看起来是一个阴森森的块状结构，使人想起她于1990年创作的作品《幽灵》（*Ghost*）。

惠特里德擅长利用空间和空隙创造一种超自然的氛围，给人前所未有的震撼，但这栋建筑物引起了轩然大波。虽然它还是有不少支持者，但许多愤怒的人想把它拆掉，最终这幢房子被拆毁了。拆毁的理由是艺术家没有获得房屋规划许可证。就像《倾斜之弧》一样，这一件现代主义杰作也永远地消失了，如今惠特里德的这件作品只存在于照片中。幸运的是，《幽灵》被华盛顿的国家美术馆收藏了起来。

也许到目前为止，最难读懂的透纳奖获奖作品是达米安·赫斯特（Damien Hirst）的《分隔开的母与子》（*Mother and Child, Divided*）。该作品于 1995 年获奖，且不出意外地引起了巨大争议。作品内容是一头母牛和一只小牛犊，它们分别被切成一半，再被纵向浸泡在玻璃水缸中，水缸里充满了淡蓝色的甲醛溶液。

这件作品的震撼和“战栗”之处在于，观众能够看见动物的内脏和外部环境，形成一种二元对立，即生与死是对立的，正如甲醛会抑制肉体腐烂的现实。该作品的原版被保存于奥斯陆现代博物馆。它的复制品很多，其中一个曾被带去日本展出，但日本法律禁止进口牛肉，因此策展人不得不想别的办法才让其得以展出。

持续的争议

2006 年，美国加利福尼亚州埃尔克格罗夫市（Elk Grove）爆发了一场关于建筑物的争议。当年，埃尔克格罗夫市决定修建占地约 31 万平方米的市民中心。市议会选择了伊拉克人扎哈·哈迪德（Zaha Hadid）的建筑公司，该公司位于伦敦，是一家国际知名的建筑公司。当时的市议会认为这项工程会让埃尔克格罗夫市举世闻名。

可到了 2011 年，埃尔克格罗夫市选出了新的理事会后，新任市长却反悔了。哈迪德提交的设计方案是一个带有曲线的铬合金结构，外观有点像巨型鱿鱼或海星，美观又优雅。该方案在理事会议中惨遭否决。有人说这栋新建筑看起来像是迪拜的某栋建筑，也有人说它像是科幻小说中的场景，还有人说这种建筑物和埃尔克格罗夫的市容根本不相符。有人提议放弃这项工程，直接建造足球场和垒球场算了。

截至撰写本书期间，对于这块地的商议结果是即将重新竞标。现任市长完全反对建筑方案，但该市的规划主管却认为，如果项目落空，埃尔克格罗夫将沦落为一个平庸无奇的小镇，他希望哈迪德的公司提交一个新方案。

艺术界的大多数争议都会随着时间的流逝而变得不再重要。可以预见，埃尔克格罗夫市的麻烦也很快会平息。观众会逐渐习惯那些最初令他们震惊的作品，事后还会认为当初的大惊小怪到底是怎么回事。然而，图像的力量是巨大的，它会一直带来争议，艺术家也会不断追求新的风格，使用新的材料，创造新的看待世界的方式。这将引出本书最后的内容：艺术的未来是什么。

要点总结

1. 对于新兴的艺术风格，大众可能最初并不会接受，甚至抗议，但我们需要一种更包容的态度去认识它们，从中慢慢发现美感和价值，而不是断然下定论。

2. 730 年，利奥三世皇帝颁布法令禁止宗教崇拜，导致艺术品产量下降，尤其是雕塑艺术。

3. 有时文物的修复不会达到预期目的，如米开朗琪罗绘制的西斯廷教堂壁画。

艺术的未来

“未来”是一个永远不会到来的时刻，因为它总是在我们的前面；“过去”已经过去，正如历史；“现在”是我们正在经历的，但不会持续太久，因为时间在流逝。因此，艺术的未来和所有事物的未来一样，都是一种构想。在金融界，艺术的未来是一种押注。成功押注艺术品的未来价值或一种艺术风格的重要性的人可以获得巨大的经济回报，也能得到极大的满足感。到目前为止，我们似乎只确定一件事：艺术总是拥有某种未来。人们对艺术的未来看法不同，从乐观到绝望，而判断艺术的未来是否前景明朗需要特殊的眼光，这也是一种天赋。

艺术家有时也会思考艺术的未来。1912 年，出生于希腊的意大利超现实主义艺术家乔治·德基里科（Giorgio de Chirico）写道：“未来的绘画将和诗歌、音乐、哲学一样创造一种前所未知的感觉。艺术将从日常和普遍认知中剥离而出。艺术将包罗所有具有美学特征的题材。艺术将完全不需要人类的指导，放弃拟人的手法。迄今为止，雕塑总是模拟人类的形象，而在未来，这将得到解放。艺术将视万物为其自身，而不是任何事物的模拟，包括人类。”德基里科发表这份声明时正值先锋派艺术兴起之时。此时，艺术正从西方古典传统中解放出来。艺术家开始研究非西方艺术，从非洲几何雕塑中得到了丰富的灵感。

1912 年是毕加索的《阿维尼翁姑娘》亮相第 5 年，巴黎也刚刚举办了两场立体主义绘画的展览。德基里科预测并言中了抽象艺术的未来，因为康定斯基的表现主义绘画和美国的抽象表现主义很快便出现了。值得一提的是，德基里科的理论与布朗库西关于事物本质的观点不谋而合。

1966 年，大地艺术家罗伯特·史密森宣布：“绘画、雕塑和建筑艺术都已经结束，但艺术的习惯仍在继续。”他这么说并不是在解释具象艺术与抽象艺术的关系，而是意在指出传统的艺术类别已被较新的艺术类别取代。1969 年，概念艺术家约瑟夫·科苏斯（Joseph Kosuth）说：“我真的认为未来的艺术必须以某种方式填补哲学留下的空白。”这句话的意思是，哲学与宗教在文化意识中已经渐渐式微，艺术将取而代之。

1984 年，丹托宣布“艺术已死”。从那时起，丹托又发表了许多关于艺术的看法，进一步修正这个表述。他指出，艺术死在流行艺术之后，即“艺术史的大师叙事的终结”，激进的多元主义将组成客观的艺术世界。当然，这并不意味着艺术叙事已经结束或艺术结构将一成不变。

知识拓展

艺术已死

“艺术已死”的说法由来已久。古罗马作家老普林尼（Pliny the Elder）在第一届奥运会后宣布：艺术终结于此。1550年，瓦萨里写道：“艺术在米开朗琪罗的作品中已臻完美，因此它已走到了尽头。”17世纪的法国巴洛克画家尼古拉·普桑指责意大利巴洛克画家卡拉瓦乔破坏了绘画艺术。普桑的艺术风格属于古典主义，拘谨而刻板，而卡拉瓦乔的作品以富有表现力和情感张力著称。克莱门特·格林伯格认为，随着自然主义的衰落，现代主义必然出现。丹托认为，艺术会在其自身的历史进程中消亡。

尽管艺术家、评论家和收藏家在谈论艺术的未来时总做出惊人的预测，但艺术的未来在大体上是不可知的。在20世纪之前，谁能预测甚至想象艺术的发展方向呢？谁会想到小便池、肥皂盒、荧光灯泡将成为艺术的媒介或主题呢？更何况，这些物体在那时都还没有出现呢。相比之下，拾得艺术和涂鸦艺术已经存在了数千年。可是在20世纪以前，它们并没有被认为是艺术。

20世纪初，未来主义者曾经设想未来的社会将根植于技术和机械，人类会摧毁一切历史，包括记录和展现历史的工具，如图书馆和博物馆。1911 年，巴黎的两场立体主义画展以激进的画面空间震惊了艺术界。1913 年，举办于纽约军械库的展览撼动了美国艺术界，而先锋派在此之前已颠覆全欧洲。同一时期，以杜尚为代表的达达主义同样惊世骇俗。20 世纪 40 年代和 50 年代的抽象表现主义不为观众所接纳。同样，根据施坦伯格的说法，流行艺术在 20 世纪 60 年代带来了雨果式的“战栗”，那时的观众已经接纳了抽象表现主义。畅销书《新艺术的震撼》（*The Shock of the New*）的作者是评论家罗伯特 · 休斯（Robert Hughes），该书正是休斯受“艺术具有震撼力”这一观点的启发写作而成的，根据该书改编的电视剧的收视率也颇高。

当流行艺术成为公认的风格后，艺术品价格又引起了众人的惊叹，尤其是在斯卡尔夫妇收藏品的拍卖会上。极简主义和概念主义兴起后，谁还可以想象，在不久的将来，艺术家还会出售艺术指导书，指导公众制作艺术品呢？而这却在索尔 · 勒维特的作品中实现了。

克里斯托和珍妮·克劳德的第一件艺术品是包裹一栋大楼。那时，他们被告知建筑物不能被包裹。尽管如此，1967 年和 1968 年，克里斯托还是成功地在瑞士伯尔尼（Bern）把博物馆包裹了起来，并以此庆祝博物馆成立 50 周年。时值“新旧世界节日”之际，珍妮 · 克劳德在意大利斯波莱托（Spoleto）包裹了一栋中世纪塔楼。由于这两个项目彼此重叠，因此这两位艺术家都没有看到彼此的作品。克里斯托和珍妮 · 克劳德一起创作的两个作品是包裹柏林的国会大厦和巴黎新桥。这样看来，艺术家们一直秉持着“永不言弃”的观念。

照相机、飞机、汽车和宇宙飞船早在它们被发明出来之前就被想象出来了，尽管那时候大部分技术还未实现。但史前人类能想象出使用计算机、灯泡或蒸汽机的社会吗？很明显这是不大可能的。古希腊人无法想象出基督教艺术，正如中世纪天主教会无法预测宗教改革将极大地改变艺术赞助的方式，而这又会极大地影响艺术创作的主题。仅在 100 年前，如今流行的数字影像对大众而言仍是陌生的。

我们从艺术媒介的转变也可得知艺术未来的不可知性。1948 年，汉斯·霍夫曼曾断言：“艺术媒介将成为艺术品本身。”但是，他补充说，艺术家必须理解媒介的本质和管理原则。无论是从艺术意义上还是从社会意义上而言，媒介的巨大影响都体现在马歇尔·麦克卢汉（Marshall McLuhan）于 1964 年所说的那句话：“媒介即信息。”麦克卢汉预见了技术的重要性，也预见了大众将逐渐关注艺术材料。不管是在艺术领域还是在其他领域，这都是潮流的趋势。对于艺术家而言，艺术媒介具有内在审美潜力以及物理、心理和象征意义。

今天，现代技术孕育了计算机、数字图像和互联网，使全球化成为可能。但是，在计算机被发明出来之前，谁会预见计算机像素会代替笔画成为绘图元素？尽管数字元素可以在计算机上操作，并被印刷出来成为一种物质，但它缺乏传统艺术媒介的触觉特质，传统艺术媒介包括铅笔画、绘画、马赛克、彩色玻璃、木材、青铜、大理石和其他媒介。

千百年来，西方艺术的题材和主题不曾有大的变动，仅有一些微小的改变而已。经久不衰的绘画主题有统治者、神和女神、裸体、肖像和自画像、各种类型的动物、风景和静物，以及战争和风俗。今天，这些主题仍是艺术创作的主要内容，违背了丹托所断言的“艺术叙事的终结”。20 世纪之前，人们无法预测未来雕塑艺术的主题，比如埃明的那张未整理的床。人类从旧石器时代开始一直描绘动物，但谁也不会预料到，达米安·赫斯特会将牛切成两半并泡在甲醛溶液中。艺术史上最经典的主题是母子关系，如《圣母子与圣安妮》(见第 3 章图 39)。赫斯特的作品完全符合这一主题，但其风格、媒介和呈现方式是前所未有的。

尽管人类很难预测未来，但艺术家似乎有更高的智慧去想象未来的社会，判断艺术风格的发展趋势。2008 年 11 月 19 日至 2009 年 2 月 22 日在柏林的德国历史博物馆举办的展览，就体现了艺术家的前瞻性。这次的展览题为“卡桑德拉：灾难的想象”(Kassandra: Visions of Disaster)，内容为康定斯基和一些德国艺术家在 1900—1939 年创作的带有世界末日性质的作品。展览反映出希腊古典主义的观点，即艺术家就像先知一样能预知未来，因为艺术家能够读懂时代精神，且他们对事物的体会比大多数人的体会更强烈。

历史证明，当时的德国艺术家正如先知一般预见了第二次世界大战的发展。卡桑德拉是希腊神话中的人物，神赋予她预言的能力，却诅咒没有人会相信她。卡桑德拉曾预言希腊人将摧毁特洛伊，且阿伽门农会被他的妻子和情人谋杀，但没有人理会她的预言。相同的是，艺术家常常在作品中描绘战争的场景。但不管是威廉二世（Kaiser Wilhelm Ⅱ）领导欧洲发动第一次世界大战之时，还是希特勒开始掌权之时，很少有观众将绘画与时代精神或未来发生的事件联系起来。

和普通大众相比，艺术家对新兴事物的接纳是极为迅速的，同时他们也在不断创造新的事物。尤其是像塞尚和毕加索这样比较重要的艺术家，他们是创造新事物的领导者，是引领美学和风格的先锋派。他们的作品说明了这样一种事实：艺术不需要符合公认的美学标准，也不需要遵守传统，越是伟大的艺术，越不这样做。例如，以波洛克的滴画法为代表，艺术家不断发明全新的绘画技巧；杜尚重新定义了艺术，拓宽了艺术的类别。

人们只有在回顾往事时才觉得预测未来很容易。回顾卡桑德拉的画展，人们意识到艺术家对即将发生的灾难有预判力，如不久后第一次世界大战与第二次世界大战的接连爆发。另外，艺术风格的变化也预示着接下来会发生什么。例如，在哥特式晚期，艺术品十分强调母子关系的亲密；而在文艺复兴时期，这种对亲密感的描绘达到了巅峰。随着文艺复兴时期的哲学家和艺术家对古希腊和古罗马的文化越来越了然于心，艺术朝着自然主义的方向发展，并反映出古希腊人的世界观，即人是宇宙的中心。回顾过去，从文艺复兴时期开始的地理大发现也可被视为艺术的里程碑。从那时起直到 19 世纪末，西方艺术家得以收藏并研究非西方艺术。

19 世纪以后，艺术家打破了传统的对绘画空间的描绘。在塞尚画出了他的几何世界后，富有远见的人此时可能已预见到毕加索的出现，或者认识到他的《阿维尼翁姑娘》标志着一种革命性的新风格的诞生，即立体主义。同样，也可能有人已经从后印象主义描绘情绪的色彩和充满动感的笔触中预测出表现主义和抽象表现主义。第一次世界大战期间以及战后，碎片化的倾向从西欧席卷而来，这体现在达达主义和拼贴艺术之中。当然，我们早该明白的是，由于数字技术和互联网的出现，艺术的全球化也是必然趋势，但这些都是“事后诸葛亮”了。

关于艺术的未来，我们可以确定地说，只要人类存在，艺术就有前途。某个艺术家、某种风格、某件艺术品是好的、坏的、丑的、美的、不雅的或冷漠的，这样的话题会继续存在。艺术的界限和范畴都将被扩展，一切创造性事物的本质都是探索未知领域。艺术家会继续扮演领导者的角色，而艺术理论、艺术批评、艺术哲学和艺术市场将紧随其后。

亚里士多德在《诗学》中把历史学家和诗人做了区分。他说，历史学家告诉我们世界发生了什么，而诗人则告诉我们世界可能发生什么。因此，亚里士多德总结道：“诗歌比历史更科学，因为诗歌彰显的是一般真理而不是具体的事实。”我们可以把这种理论运用到艺术和艺术家身上，即越是伟大的艺术家越可以清晰地预见未来。引用丹尼斯·达顿的话来说就是“随着艺术形式和技巧的变化与发展，随着艺术潮流的盛衰，艺术理论也将与时俱进，或改变关注点，或改变价值取向”。

对此，我们作为观众最好的做法是深吸一口气，相信艺术家确实有话要说。然后仔细研究作品，再结合历史的启示做出自己的判断，而不应该轻易谴责不熟悉的风格或粗暴地否定看似惊世骇俗的作品。没有什么比因循守旧更容易的了，随随便便就说出“艺术已死”这样的话又有什么难度呢？

丙烯酸颜料（acrylic）
一种速干的水性涂料。

美学（aesthetics）
研究艺术的科学与哲学。

祭坛艺术（altarpiece）
放置在祭坛后的艺术品，可以是绘画、雕塑或二者的结合。

觐见大殿（apadana）
波斯波利斯皇宫的会客大厅。

后殿（apse）
教堂建筑的一部分，通常为半圆形，并有一个半圆形的穹顶。

建筑（architecture）
为人类建造屋宇的艺术与科学。

集合艺术（assemblage）
由三维物品组合而成的艺术品。

空气透视法（atmospheric perspective）
通过模糊和削弱色彩来强调画面距离的绘画技巧。

特征（attribute）
可识别的属性。

先锋派（avant-garde）
字面意思是“高级卫士”，指艺术领域的创新者。

大会堂（basilica）
古罗马时期的长方形建筑物，用途为法庭、商店或会议场所，也指仿照古罗马大会堂而建的基督教教堂。

真壁画（buon/true fresco）

见“壁画”。

书法（calligraphy）

字面意思为“美丽的书写”，即书写的艺术。

草图（carton）

为了绘画而准备的草稿。

雕刻（carve）

使用尖锐的工具刨去部分材料所创作出来的三维图像。

明暗对比法（chiaroscuro）

为了制造立体感而使用的绘画手法。

由黄金与象牙制成的物品（chryselephantine）

城堡（citadel）

位于高处、用于军事防御的区域。

拼贴画（collage）

将不同材料碎片拼贴而成的艺术，材料包括纸张、棉布等。

石柱（column）

基本结构有柱座、柱身和柱头，多立克柱式不包含柱座。柱身刻有凹槽。

构图（composition）

作品形式元素的排列方式。

轮廓（contour）

人物或物品的线条。

突拱、叠涩拱（corbel arch）

建筑学名词，指用砖石层层堆叠，并向内收，最终在中线合拢的拱。

环状列石（cromlech）

石头以环形排列的结构。

楔形文字（cuneiform）

古美索不达米亚的文字，尤指古波斯和亚述帝国的文字。

巨石工程（cyclopean masonry）

以未经加工的巨石为原材料的建筑工程。

多立克柱式（Doric Order）
希腊古典柱式的一种，从下往上有柱座、柱身（带凹槽）、柱头（包括顶板和卵形花边）和柱顶（包括额枋、檐壁、三角槽排档、排挡间饰和檐口）四个大部分。

王朝（dynasty）
统治者的家族。

刺绣（embroidery）
在棉布、皮革或其他材料上创作图案的技术。

蜡画法（encaustic）
将颜料与滚烫的蜂蜜混合后作画。

雕塑（engraving）
把木材、金属、石头或其他材料切割成预期的形状。

蚀刻（etching）
一种印刷工艺，把画稿复制到透明的涤纶纸上，经过蚀刻和染色，在铝板表面上形成有凹凸立体线条的彩色版画。

具象艺术（figurative art）
艺术形象与自然对象基本相似或极为相似的艺术。具象艺术品中的形象都可被识别。

飞扶壁（flying buttress）
一种起支撑作用的建筑结构。

壁画（fresco）
干壁画（fresco secco）指在干的墙壁上用水性颜料作画；真壁画（buon fresco）指在湿灰泥上作画。

檐壁（frieze）
雕有浮雕的水平墙壁。

风俗画（genre）
描绘日常生活场景的绘画。

影线（hatching）
绘画中表现阴影的重叠线条。交叉影线（cross-hatching）指两组相交的影线。

象形文字（hieroglyphs）
古埃及人发明的早期文字。

插图手抄本（illuminated manuscript）
尤指中世纪、文艺复兴时期配有精美插图的手抄基督教文本。

厚涂法（impasto）
在帆布上厚涂颜料的绘画方式。

刻入（incise）
在表面雕刻、切入。

直线透视法（linear perspective）
一种基于数学原理的绘画技巧，能制造深度和层次感，发明于1400年左右的意大利。

平版印刷画（lithograph）
在石板上加一层油毡后再创作图案的艺术。

媒介（medium 或 media）
艺术创作所使用的材料。

巨石建筑（megalithic）
以未加工的巨大石块为原料的史前建筑。

艺术的方法论（methodologies of art）
解读艺术的方法，包括形式主义（形式即内容）、图像学（研究图像是如何“书写”的，即主题的意义）、传记和自传法（从艺术家个人的角度解读作品）、精神分析法（从艺术家的潜意识或文化内涵的角度解读作品）、符号学（使用符号和解构体系解读作品）等。

建模（modeling）
在绘画中指用阴影表达明暗；在雕塑中指用双手将可塑材料塑造成某种造型。

整块巨石（monolith）

马赛克（mosaic）
用彩色瓷砖或鹅卵石制成的镶嵌画。

木乃伊（mummy）
古埃及时期经过防腐处理的尸体。

正殿（naos）
古希腊、古罗马神庙中供奉祭祀雕像的房间。

正厅（nave）
教堂中央最长的过道。

古代墓地（necropolis）
字面意思是“死亡之城”。

非具象艺术（non-figurative abstraction）
绘画内容不可被识别的抽象艺术。

硬币或奖章的正面（obverse）

赞助人（patron）
以资金支持艺术创造的委托人。

山花（pediment）
希腊神庙石柱柱头上方的三角形结构。

法老（pharaoh）
古埃及的统治者。

图片（picture）
二维视觉图像。

颜料（pigment）
绘画上色所用的粉状物质。

多神论（polytheism）
相信众多神灵的存在。

连梁柱结构（post-and-lintel）
垂直方向与水平方向相连接的建筑结构。

金字塔（pyramid）
一种以正方形为底、以四个三角形为侧面的大型几何建筑物，尤指古埃及法老的陵墓。

浮雕（relief sculpture）
在平板上将形象雕刻出来后，再使它脱离原来材料的平面。

硬币或奖章的背面（reverse）

玫瑰窗（rose window）
哥特式大教堂巨大的圆形彩色玻璃窗。

缮写室（scriptorium）
修道院中抄写手稿的房间。

雕塑艺术（sculpture）
三维视觉图像。

圆雕（sculpture-in-the-round）
可以多方位、多角度欣赏的三维立体雕塑。

明暗法（sfumato）
体现色彩明暗逐渐变化的绘画技巧。

剪影（silhouette）
通常是用单一颜色勾勒的外形轮廓。

上胶（size）
混合胶水或树脂后涂在画布上以免渗水的技巧。

彩色玻璃窗（stained glass）

石刻（stele）
刻有浮雕或文字的直立石板。

风格化（stylization）
对已形成惯例的风格进行夸张、变形、扭曲处理。

对称性（symmetry）
图像左右两侧呈镜像。非对称性（asymmetry）指对称性的缺失。

挂毯（tapestry）
有图案的编织物。

蛋彩画（tempera）
用混合了蛋黄、颜料和水的涂料作画。

镶嵌物（tessera）
马赛克镶嵌画所使用的小块石头或玻璃瓷砖。

耳堂（transept）
十字形教堂的横向部分。

三石塔（trilithon）
单个连梁柱结构。

门间柱（trumeau）
罗马式和哥特式大教堂两扇大门之间的石板。

类型学（typology）
认为人物和事件都有历史原型，以研究相似性为主要内容的历史研究方法。

木板画（woodcut）
在木板上刻上图案后进行印刷的艺术。

庙塔（ziggurat）
古美索不达米亚的阶梯式金字塔形建筑。

Adams, Laurie, *Art on Trial: from Whistler to Rothko* (New York: Walker, 1976).

——*Looking at Art* (Englewood Cliffs NJ and London: Exploring Art, Laurence King, 2002).

Adams, Laurie Schneider, *Art and Psychoanalysis* (New York: HarperCollins, 1993).

——*Italian Renaissance Art* (Boulder CO: Westview, 2001).

——*The Methodologies of Art*, 2nd edition (Boulder CO: Westview, 2010).

——*A History of Western Art*, 5th edition (New York: McGraw-Hill, 2011).

Alexander, Jonathan J.G., *Medieval Illuminators and*

their Methods of Work (New Haven: Yale University Press, 1992).

Alpers, Svetlana, *Rembrandt's Enterprise.The Studio and the Market* (Chicago and London: University of Chicago Press, 1990).

——*The Vexations of Art: Velázquez and Others* (New Haven and London: Yale University Press, 2005).

Andrews, Francis B., *The Medieval Builder and His Methods* (Mineola NY: Dover, 1999).

Aristotle, *The Poetics* (Cambridge MA and London: Loeb Library, 1991).

Ashton, Dore, *American Art since 1945* (New York: Oxford University Press, 1982).

Avery, Charles, *Bernini, Genius of the Baroque* (London: Thames and Hudson, 1997).

Barolsky, Paul, *Infinite Jest: Wit and Humor in Italian Renaissance Art* (Columbia SC: University of South Carolina Press, 1978).

Baxandall, Michael, *Giotto and the Orators: Humanist Observers of Painting in Italy and the Discovery of Pictorial Composition, 1350–1450* (Oxford: Oxford University Press, 1971).

——*Painting and Experience in Fifteenth-Century Italy* (Oxford: Oxford University Press, 1988).

Bearden, Romare and Harry Henderson, *A History of African-American Artists: From 1792 to the Present* (New York: Pantheon, 1993).

Beardsley, John, *Earthworks and Beyond: Conceptual Contemporary Art in Landscape* (New York: Abbeville, 1998).

Beck, James (with Michael Daley), *Art Restoration: The Culture, the Business, the Scandal* (London: John Murray, 1993 and New York: Norton, 1994).

Bell, Clive, *Art* (New York: Capricorn Books, 1958).

Bell, Quentin, *Ruskin* (New York: George Braziller, 1978).

Berger, Robert W., *The Palace of the Sun: The Louvre of Louis XIV* (University Park PA: Penn State University Press, 1993).

Blier, Suzanne, *The Royal Arts of Africa: The Majesty of Form* (New York: Abrams, 1998).

Blunt, Anthony, *Artistic Theory in Italy, 1450–1600* (New York: Oxford University Press, 1994).

——et al., *Baroque and Rococo: Architecture and Decoration* (New

York: Harper and Row, 1982).

Bonfante, Larissa, ed., *Etruscan Life and Afterlife: A Handbook of Etruscan Studies* (Detroit: Wayne State University Press, 1986).

——*Etruscan: Reading the Past* (Berkeley: University of California Press/British Museum, 1990).

Brendel, Otto J., *Prolegomena to the Study of Roman Art* (New Haven: Yale University Press, 1979).

Brilliant, Richard, *Roman Art from the Republic to Constantine* (London: Phaidon, 1974).

Bryson, Norman, *Word and Image: French Painting of the Ancien Régime* (Cambridge: Cambridge University Press, 1981).

——*Tradition and Desire: From David to Delacroix* (New York: Cambridge University Press, 1984).

Carrier, David, *The Aesthete in the City: The Philosophy and Practice of Ammerican Abstract Painting in the 1980s* (University Park PA: Penn State University Press, 1994).

——*High Art: Charles Baudelaire and the Origins of Modernist Painting* (University Park PA: Penn State University Press, 1996).

Cartledge, Paul A., *Alexander the Great* (Woodstock and New York: Overlook Press, 2004).

Castleden, Rodney, *The Making of Stonehenge* (London: Routledge, 1993).

Clark, Kenneth, *The Romantic Rebellion: Romantic versus Classic Art* (New York: Harper and Row, 1973).

Clark, T.J., *The Painting of Modern Life: Paris in the Art of Manet and His Followers* (Princeton: Princeton University Press, 1984).

——*The Absolute Bourgeois: Artists and Politics in France, 1848–1851* (Berkeley: University of California Press, 1999).

Clunas, Craig, *Art in China* (New York: Oxford University Press, 2009).

Cole, Alison, *Virtue and Magnificence: Art of the Italian Renaissance Courts* (New York: Abrams, 1995).

Cole, Bruce, *The Renaissance Artist at Work: From Pisano to Titian* (New York: HarperCollins, 1983).

Collins, Bradford R., ed., *12 Views of Manet's Bar* (Princeton: Princeton University Press, 1996).

Collins, Bradley I., *Leonardo: Psychoanalysis and Art History: A Critical Study of Psychobiographical Approaches to Leonardo da Vinci* (Evanston IL: Northwestern University Press, 1997).

——*Van Gogh and Gauguin: Electric Arguments and Utopian Dreams* (Boulder CO: Westview, 2001).

Crane, Diana, *The Transformations of the Avant–Garde* (Chicago and London: University of Chicago Press, 1987).

Crow, Thomas E., *Painters and Public Life in Eighteenth-Century Paris* (New Haven: Yale University Press, 1985).

——*The Rise of the Sixties: American and European Art in the Era of Dissent, 1955–1969* (London: Abrams, 2005).

Cuttler, Charles D., *Northern Painting fom Pucelle to Bruegel, Fourteenth, Fifteenth, and Sixteenth Centuries* (Fort Worth TX: Holt, Rinehart&Winston, 1991),

Dachy, Marc, *The Dada Movement, 1915–1923*, trans.Michael Taylor (New York: Skira/Rizzoli, 1990).

Denvir, Bernand, *Post-Impressionism* (New York: Thames and Hudson, 1992).

Diebold, William J., *Word and Image: An Introduction to Early Medieval Art* (Boulder CO: Westview, 2000).

Eitner, Lorenz, *19th-Century European Painting: From David through Cézanne* (Boulder CO: Westview, 2002).

Elderfield.John, *The Cut-Outs of Henri Matisse* (New York: George Braziller, 1978).

Eldredge, Charles C., *Georgia O'Keeffe* (New York: Abrams, 1991).

Farrington, Lisa E., *Creating Their Own Image: The History of African-American Women Artists* (New York: Oxford University Press, 2005).

Flam, Jack D., ed., *Robert Smithson: The Collected Writings* (Berkeley: University of California Press, 1996).

——*Matisse and Picasso: The Story of Their Rivalry and Friendship* (Boulder CO: Westview, 2003).

Foucault, Michel, *This Is Not a Pipe, trans.J.Harkness* (Berkeley: University of California Press, 1983).

Fry.Roger F, *Vision and Design* (London: Chatto and Windus, 1920).

Geist, Sidney, *Brancusi: The Sculpture and Drawings* (New York:

Abrams, 1975).

Geldzahler.Henry, *New York Painting and Sculpture: 1940–1970* (New York: E.P.Dutton, 1969).

——and Robert Rosenblum, *Andy Warhol: Portraits of the Seventies and Eighties* (London: Thames and Hudson, 1993).

Gombrich, Ernst, *Symbolic Images*, 3rd edition (Chicago: University of Chicago Press, 1985).

——*Art and Illusion: A Study in the Psychology of Representation* (Princeton NJ: Princeton University Press, 2000).

Green, Christopher, ed., *Picasso's Les Demoiselles d'Avignon* (Cambridge: Cambridge University Press, 2001).

Greenberg, Clement, *Art and Culture* (Boston: Beacon Press, 1961).

Guth, Christine, *Art of Edo Japan* (New York: Abrams, 1996).

Hamilton, George H., *Manet and His Critics* (New Haven: Yale University Press, 1986).

Hauser, Arnold, Mannerism: *The Crisis of the Renaissance and the Origin of Modern Art* (Cambridge MA: Belknap, 1986).

Henri, Adrian, *Total Art: Environments, Happenings, and Performances* (New York: Praeger, 1974).

Herbert, Robert L., *Impressionism: Art, Leisure and Parisian Society* (New Haven: Yale University Press, 1988).

Honour, Hugh, *Romanticism* (New York: Harper and Row, 1979).

——*Neo-Classicism* (Harmondsworth: Penguin Books, 1987).

Hopkins, David, *Modern Art 1945-2000* (Oxford and New York: Oxford University Press, 2000).

Hultén, Pontus, *Futurism and Futurisms* (New York: Abbeville, 1985).

Irwin, Robert, *Islamic Art in Context: Art, Architecture, and the Literary World* (New York: Abrams, 1997).

Kant, Immanuel, *Critique of Judgment* (1790), trans.Werner S.Pluhar (Indianapolis: Hackett, 1996).

Kramer, Samuel Noah, *History Begins at Sumer: Thirty-nine Firsts in Man's Recorded History*, 3rd revised edition (Philadelphia: University of Pennsylvania Press, 1981).

Lane, Barbara G., *The Altar and the Altarpiece: Sacramental Themes in Early Netherlandish Painting* (New York: Harper and Row, 1984).

Levey, Michael, *Rococo to Revolution: Major Trends in Eighteenth-Century Painting* (New York: Oxford University Press, 1977).

Lippard, Lucy, *Pop Art* (New York: Thames and Hudson, 1985).

Lloyd, Jill, *German Expressionism: Primitivism and Modernity* (New Haven: Yale University Press, 1991).

Locke, Nancy, *Manet and the Family Romance* (Princeton: Princeton University Press, 2001).

Mainardi, Patricia, *The End of the Salon: Art and the State in the Early Third Republic* (Cambridge: Cambridge University Press, 1993).

Marshall, Richard, et al., *Robert Mapplethorpe* (New York: Whitney Museum of American Art, 1988).

——*Jean-Michel Basquiat* (New York: Whitney Museum of American Art, 1992).

Mathews, Thomas F., *Byzantium. From Antiquity to the Renaissance*[①] (New York: Abrams, 1998).

McLaughin, Jack, *Jefferson and Monticello: The Biography of a Builder* (New York: Holt, 1988).

① 原文有误，应为 *Byzantium: From Antiquity to the Renaissance*。——编者注

Meiss, Millard, *Painting in Florence and Siena after the Black Death* (Princeton: Princeton University Press, 1978).

Meredith, Roy, *Mr.Lincoln's Camera Man, Mathew B. Brady* (New York: Dover, 1974).

Merrill, Linda, *A Pot of Paint. Aesthetics on Trial in Whistler u.Ruskin* (Washington DC and London: Smithsonian Institution Press, 1992).

Meyer, Ursula, *Conceptual Art* (New York: E.P. Dutton, 1972).

Mitchell, W.J.T., *What Do Pictures Want?* (Chicago: University of Chicago Press, 2005).

Newhall, Beaumont, *The History of Photography: From 1839 to the Present* (New York: Museum of Modern Art, 1999).

Nochlin, Linda, *Realism* (Harmondsworth: Penguin Books, 1971).

——*The Body in Pieces: The Fragment as a Metaphor of Modernity* (London: Thames and Hudson, 1994).

O'Connor, Francis V., *Jackson Pollock* (New York: Museum of Modern Art, 1967).

O'Gorman, James F., *Three American Architects: Richardson, Sullivan, and Wright, 1865–1915* (Chicago: University of Chicago Press, 1991).

Onians, John, *The Bearers of Meaning: The Classical Orders in Antiquity, the Middle Ages and the Renaissance* (Princeton: Princeton University Press, 1985).

Osborne, Robin, *Archaic and Classical Greek Art* (Oxford and New York: Oxford University Press, 1998).

Panofsky, Erwin, *Gothic Architecture and Scholasticism* (New York: World, 1957).

——*Early Netherlandish Painting: Its Origin and Character* (2 vols.) (New York: Harper and Row, 1971).

Partridge, Loren, *The Art of Renaissance Rome, 1400–1600* (New York: Abrams, 1996).

Passeron, Roger, *Daumier, trans. Helga Harrison* (New York: Rizzoli, 1981).

Pater, Walter, *The Renaissance: Studies in Art and Poetry* (Berkeley: University of California Press, 1980).

Paul, Christiane, *Digital Art* (New York: Thames and Hudson, 2008).

Petzold, Andreas, *Romanesque Art* (New York: Abrams, 1995).

Plato, *The Republic*, trans. Allan Bloom (New York: Basic Books, 1991).

Pomeroy, Sarah B., *Goddesses, Whores, Wives, and Slaves: Women in Classical Antiquity* (New York: Shocken Books, 1995).

Powell, Richard J., *Black Art and Culture in the Twentieth Century* (London: Thames and Hudson, 1997).

Praz, Mario, *The Romantic Agony* (New York: Oxford University Press, 1983).

Preziosi, Donald and Louise A. Hitchcock, *Aegean Art and Architecture* (Oxford and New York: Oxford University Press, 1999).

Quirke, Stephen and Jeffrey Spencer, *The British Museum Book of Ancient Egypt* (London: British Museum, 1992).

Ramage, Nancy H. and Andrew Ramage, *Roman Art: Romulus to Constantine* (Upper Saddle River NJ: Prentice-Hall, 2005).

Reff, Theodore, *Manet, Olympia* (New York: Viking 1977).

Richardson, John, *A Life of Picasso.I, 1881–1906* (New York: Random House, 1991).

——*A Life of Picasso. II*, 1907–1917 (New York: Random House, 1996).

—— (with Marilyn McCully), *A Life of Picasso. III*, 1917–1932 (New

York: Knopf, 2007).

Rorimer, Anne, *New Art in the 60s and 70s: Redefining Reality* (New York: Thames and Hudson, 2001).

Rose, Barbara, *Jackson Pollock: Drawing into Painting* (New York: Museum of Modern Art, 1980).

Rosenberg, Harold, *The De-Definition of Art: Action Art to Pop to Earthworks* (Chicago: University of Chicago Press, 1983).

Rosenblum, Robert, *Transformations in Late Eighteenth-Century Art* (Princeton: Princeton University Press, 1970).

——*Cubism and Tiwentieth-Century Art* (New York: Abrams, 2001).

Roth, Leland M., *Understanding Architecture: Its Elements, History, and Meaning* (New York: HarperCollins, 1993).

Sandler, Irving, *The Triumph of American Painting: A History of Abstract Expressionism* (New York: Harper and Row, 1970).

——*American Art of the 1960s* (New York: Harper and Row, 1988).

——*Art of the Postmodern Era: From the Late 1960s to the Early 1990s* (New York: HarperCollins, 1996).

Schapiro, Meyer, *Late Antique, Early Christian, and Medieval Art* (New York: George Braziller, 1979).

Schwarz, Arturo, ed., *The Complete Works of Marcel Duchamp* (2 vols.), 3rd edition (London: Greenridge, 1997).

Scully, Vincent, *The Earth, the Temple, and the Gods: Greek Sacred Architecture* (New Haven: Yale University Press, 1979).

Shiff, Richard, *Cézanne and the End of Impressionism: A Study of the Theory, Technique, and Critical Evaluation of Modern Art* (Chicago: University of Chicago Press, 1984).

Smith, Paul, *Impressionism: Beneath the Surface* (New York: Abrams, 1995).

Smythe, Craig Hugh, *Mannerism and Maniera* (Vienna: IRSA, 1992).

Snyder, James, *Northern Renaissance Art: Painting, Sculpture, the Graphic Arts from 1350 to 1575* (Upper Saddle River NJ: Prentice-Hall, 2005).

Stang, Ragna, *Edvard Munch: The Man and His Art*, trans. Geoffrey Culverwell (New York: Abbeville, 1988).

Steinberg, Leo, *Other Criteria: Confrontations with Twentieth-Century Art* (New York: Oxford University Press, 1972).

——*The Sexuality of Christ in Renaissance Art and in Modern Oblivion* (Chicago: University of Chicago Press, 1996).

——*Leonardo's Incessant Last Supper* (New York: Zone Books, 2001)

Stewart, Andrew, *Greek Sculpture: An Exploration* (New Haven: Yale University Press, 1990).

Stokstad, Marilyn, *Medieval Art*, 2nd edition (Boulder CO: Westview, 2004).

Sullivan, Louis, *The Autobiography of an Idea* (New York: Dover, 1956).

Taylor, Brandon, *Avant-Garde and After: Rethinking Art Now* (New York: Abrams, 1995).

Townsend, Chris, ed., *The Art of Rachel Whitread* (London: Thames and Hudson, 2004).

Turner, Richard A., *Inventing Leonardo* (Berkeley: University of California Press, 1993).

——*Renaissance Florence: The Invention of Art* (New York: Abrams, 1997).

Warhol, Andy, *America* (New York: Harper and Row, 1985).

Weiss, Jeffrey S., *The Popular Culture of Modern Art: Picasso, Duchamp, and Avant-Gardism* (New Haven: Yale University Press, 1994).

Wiliamson, Paul, *Gothic Sculpture, 1140–1300* (New Haven: Yale University Press, 1995).

Wilson, Christopher, *The Gothic Cathedral: The Architecture of the Great Church* (New York: Thames and Hudson, 2000).

Wittkower, Rudolf and Margot, *Born Under Saturn* (New York: Norton, 1963).

Wittkower, Rudolf, *Bernini: The Sculntor of the Roman Baroque* (London: Phaidon, 1997).

Zanker, Paul, *The Power of Images in the Age of Augustus*, trans. Alan Shapiro (Ann Arbor: University of Michigan Press, 1988).

致谢

我要感谢 Oneworld 出版社员工们的帮助。感谢 Mike Harpley，是他最早提议我写一本关于艺术的初学者指南；感谢 Paul Boone，是他帮助我找到那些精美的插图；感谢 Rachel Beaumont，是她耐心地编辑了全书并提出了宝贵的意见；还要感谢 Kirsten Summers 和 Kathleen McCully。

此外，我还要感谢 Mary Bittner Wiseman 教授帮助我整理哲学部分的脉络；感谢 Larissa Bonfante 教授提出了许多精彩的构思，并总是愿意倾听、解答我提出的关于古代部分的问题；感谢 John Adams 和 Caroline Adams 细心阅读手稿，提供了许多有益的观点。

译者后记

完美主义者（且不论这个词恰当与否）总是不知不觉成为拖延症患者。这本书的翻译工作在经历了漫长的拖延之后，终于在编辑老师的催促之下得以完成。首先，我要对她说一声谢谢，感谢她的耐心和一如既往对我的肯定和支持。其次，我要感谢本书中译版的第一个读者孙熠。每当我翻译完一章，他就放下手头的事情，坐在沙发上认真聆听我的朗读，给译文提出意见。

我还要感谢香港大学的同学郝暾，是她让我有机会接触到这本书，开启了这段奇妙的艺术之旅。最后我还要谢谢黑球和叮叮。谢天谢地，这两只狗狗没有在我工作的时候调皮捣蛋，而只是安静地趴在我脚边听键盘敲击的声音。直到我结束下午的工作，伸一个懒腰，说“好了！出去玩”的时候，它们才激动地闹起来。

西方艺术源远流长，内涵丰富。对于非专业人士而言，“艺术史”这三个字听起来颇为高深。确实，想要了解西方艺术不但要熟读西方历史，还要对几十名艺术家和他们的上百部代表作熟稔于心，这并非一朝一夕可达成。艺术和艺术史的学习对于普通人而言是困难的。作为一本入门手册，本书最大的优点是内容丰富全面。从新石器时代的人形雕像、岩洞壁画和巨石阵开始，到古巴比伦、古埃及、古希腊和古罗马的艺术，再到 21 世纪当代欧美艺术，本书几乎涵盖了西方艺术史的所有时期。此外，本书还囊括了欧美艺术界重要的评论家、艺术史学家和哲学家的核心观点。

认真研读此书，读者会对西方艺术史上最为著名的艺术家和他们的代表作有一个初步印象，也会接触到学院式文艺批评的理论基础。在翻译的过程中，我深深体会到谈论“艺术”或与“艺术史”相关的内容并不容易。本书的缺点正是它的优点，即非常全面，对于初学者而言，它或许显得过于笼统和抽象。尽管如此，广大艺术爱好者仍可以将此书视为一个提纲，不断地扩张自己的知识版图。

本书作者是美国哥伦比亚大学的艺术史博士、纽约市立大学约翰·杰伊学院的艺术史教授劳里·施耐德·亚当斯。亚当斯教授艺术史长达 40 余年。另外，她还是一名私人执业的精神分析师。我猜想，正是多年的学者生涯令亚当斯的语言风格在不知不觉中变得十分学术化。本书的英文行文如同学术论文和教科书一般正式而规范，有时显得过于生疏、深奥、抽象和笼统，并没有流露出个人的趣味和情感。学院式艺术批评理论和学术化的写作语言对于入门级读者而言过于陌生，我在翻译过程中为如何既能忠实表达原著内容，又能让内容浅显易懂做了颇多努力。

此外，或许是受篇幅所限，作者在提及以及罗列了这些听起来颇为深奥的哲学理论后，并没有进行深入解释，例如，第 1 章中提及了柏拉图“拟态论”，康德对艺术和道德的看法，以及埃德蒙·伯克的“崇高论”。这些概念涉及西方古典哲学，读者若想深入理解，需要额外补充这方面的知识。

在翻译的过程中，我深深地感到翻译是最好的学习。一个概念、一段表述、一篇文章乃至一本书，只有落实到翻译的层面才能真正考验一个人对内容的理解。我通过查询资料、查阅书籍和反复修改译稿，学到了许多与艺术相关的知识。例如，巨石阵的连梁柱结构是后世西方建筑的基础，希腊古典柱式的内容，以及当代欧美艺术的趋势，等等。这些内容不但十分有趣，还让我更加领悟到“读书百遍，其义自见”的含义。许多文艺理论概念起初听起来复杂而陌生，但只要耐心地反复琢磨、多次研读，假以时日，这些概念就会变得容易理解。我相信，只要有足够的耐心和认真的态度，人人皆可抵达艺术的殿堂。

最后，由于我的翻译水平有限，虽做了极大的努力，也难免有不妥之处，敬请广大读者不吝指正。

2019 年 9 月于杭州之秋

未来，属于终身学习者

我这辈子遇到的聪明人（来自各行各业的聪明人）没有不每天阅读的——没有，一个都没有。巴菲特读书之多，我读书之多，可能会让你感到吃惊。孩子们都笑话我。他们觉得我是一本长了两条腿的书。

———查理·芒格

互联网改变了信息连接的方式；指数型技术在迅速颠覆着现有的商业世界；人工智能已经开始抢占人类的工作岗位……

未来，到底需要什么样的人才？

改变命运唯一的策略是你要变成终身学习者。未来世界将不再需要单一的技能型人才，而是需要具备完善的知识结构、极强逻辑思考力和高感知力的复合型人才。优秀的人往往通过阅读建立足够强大的抽象思维能力，获得异于众人的思考和整合能力。未来，将属于终身学习者！而阅读必定和终身学习形影不离。

很多人读书，追求的是干货，寻求的是立刻行之有效的解决方案。其实这是一种留在舒适区的阅读方法。在这个充满不确定性的年代，答案不会简单地出现在书里，因为生活根本就没有标准确切的答案，你也不能期望过去的经验能解决未来的问题。

而真正的阅读，应该在书中与智者同行思考，借他们的视角看到世界的多元性，提出比答案更重要的好问题，在不确定的时代中领先起跑。

湛庐阅读 App：与最聪明的人共同进化

有人常常把成本支出的焦点放在书价上，把读完一本书当作阅读的终结。其实不然。

时间是读者付出的最大阅读成本

怎么读是读者面临的最大阅读障碍

“读书破万卷”不仅仅在“万”，更重要的是在“破”！

现在，我们构建了全新的“湛庐阅读”App。它将成为你“破万卷”的新居所。在这里：

- 不用考虑读什么，你可以便捷找到纸书、电子书、有声书和各种声音产品；
- 你可以学会怎么读，你将发现集泛读、通读、精读于一体的阅读解决方案；
- 你会与作者、译者、专家、推荐人和阅读教练相遇，他们是优质思想的发源地；
- 你会与优秀的读者和终身学习者为伍，他们对阅读和学习有着持久的热情和源源不绝的内驱力。

下载湛庐阅读 App，
坚持亲自阅读，
有声书、电子书、阅读服务，
一站获得。

CHEERS

以一本书为核心

遇见书里书外，更大的世界

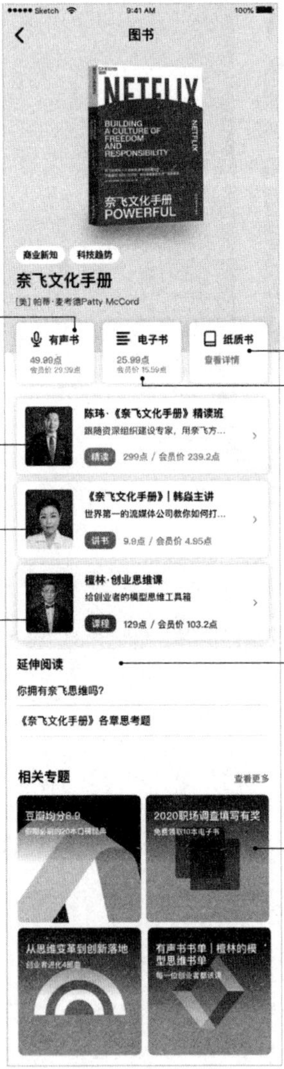

有声书

随时随地，有温度、
有感情地听本书

纸质书

湛庐纸书一站购买
还有读者专享福利

精 读

2~4周，带你读完、
读懂、读透一本好书

电子书

最新最全的湛庐电子书
随时随地亲自阅读

讲 书

30分钟
大咖给你讲本书
让你挑书不费劲

延伸阅读

编辑精心制作的内容拓展
测试、视频、注释、参考文献
只为优化你的体验

课 程

权威专家带你快速浏览
一个领域的知识概貌

专 题

主题式阅读书单
让你与更多好书相遇

Art: A Beginner's Guide by Laurie Schneider Adams

First published in the United Kingdom by Oneworld Publications

本书由 Oneworld Publications 在英国首次出版。

图书在版编目（CIP）数据

人人都该懂的艺术 /（加）劳里·施耐德·亚当斯著；刘杨译．— 杭州：浙江人民出版社，2020.3（2023.12重印）

书名原文：Art: A Beginner’s Guide

ISBN 978-7-213-09658-7

Ⅰ．①人… Ⅱ．①劳… ②刘… Ⅲ．①艺术—普及读物 Ⅳ．① J-49

中国版本图书馆 CIP 数据核字（2020）第 033311 号

浙江省版权局
著作权合同登记章
图字：11–2019–398号

上架指导：艺术 / 通俗读物

本书法律顾问　北京市盈科律师事务所　崔爽律师

人人都该懂的艺术

[加] 劳里·施耐德·亚当斯　著
刘　杨　译

出版发行：浙江人民出版社（杭州体育场路 347 号　邮编　310006）
市场部电话：（0571）85061682　85176516
集团网址：浙江出版联合集团　http://www.zjcb.com
责任编辑：尚　婧
责任校对：杨　帆
印　　刷：天津中印联印务有限公司
开　　本：880mm × 1230mm 1/32　　印　　张：9.25
字　　数：190 千字
版　　次：2020 年 3 月第 1 版　　印　　次：2023 年 12 月第 3 次印刷
书　　号：ISBN 978-7-213-09658-7
定　　价：62.90 元

如发现印装质量问题，影响阅读，请与市场部联系调换。